U0016766

亮島島尾 I 遺址全景

亮島島尾 I 遺址貝塚

亮島島尾 I 遺址發掘

亮島島尾 I 遺址發掘

亮島島尾 I 遺址，「亮島人」1 號發掘

亮島島尾 I 遺址 2 號坑出現「亮島人」2 號的肢骨

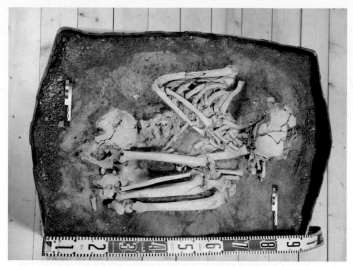

「亮島人」1 號經初步處理後的樣貌

「亮島人」1 號繪圖

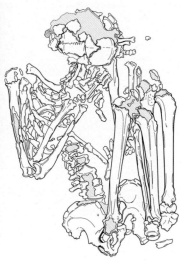

「亮島人」1 號線圖

「亮島人」2號的發掘

亮島島尾 II 遺址的貝塚層之一

亮島島尾 II 遺址發掘

亮島島尾 II 遺址發掘

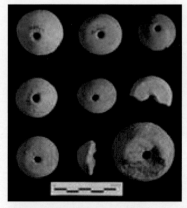

熾坪隴遺址的陶紡輪

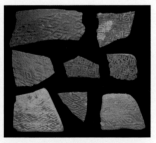

熾坪隴遺址的陶片雲雷紋

熾坪隴遺址的彩陶片

熾坪隴遺址的陶片各種拍印紋

熾坪隴遺址的陶支腳殘件

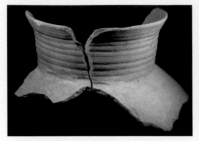

熾坪隴遺址的陶甕殘件

熾坪隴遺址的陶瓠

熾坪隴遺址的陶片與陶環

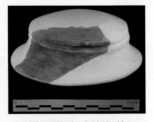

熾坪隴遺址的陶蓋

熾坪隴遺址的陶杯

熾坪隴遺址的白陶罐

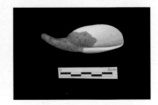

熾坪隴遺址的陶匙

馬祖列島的史前文化
與
「亮島人」

陳仲玉　著

謹以此書敬獻給
馬祖列島的鄉親們和
所有協助馬祖考古研究的朋友們

目 次

圖目次

表目次

序一
馬祖列島的史前文化與
「亮島人」

臧振華

　　馬祖列島是福建閩江口外由 36 個島嶼與礁岩所組成的一群小島，風景優美，被喻為「閩江口外天上撒下的一串珍珠」，然而正因為它們孤懸海上，交通不便，不但史籍不多，最早的紀錄不過宋元，而且考古的發現也盡付闕如。所以，馬祖一向被認為是海隅慌陬、文采不彰之境。然而，最近二十年，由於陳仲玉先生在馬祖的努力考古，已經完全改變了這一刻板印象。

　　從 2001 年開始，陳仲玉先生與劉益昌先生共同主持「台閩地區考古遺址普查研究計畫」第六期研究計畫，在馬祖列島上進行考古調查，發現了福澳港、熾坪隴及唐岐等三處史前時代遺址及歷史時期遺址 5 處。爾後，陳仲玉先生對熾坪隴及蔡園裡兩處遺址進行了發掘，證明人類在馬祖居住的歷史不但早過宋元，更可以上推到四千年至六千年前的史前時代。毫

無疑問，對馬祖而言，這是一個突破性的發現。吾人很難想像，遠在六千年前，人類竟然能夠跨海來到這些蕞爾小島上生活。然而，十年之後，陳仲玉先生又有了新的發現，2011 至 2012 年他在面積只有 0.4 平方公里的亮島上，共發現了五處貝塚遺址，並在其中的島尾 I 和島尾 II 遺址分別發掘出一具人類遺骸和伴隨的陶器、石器和骨貝器等遺物，以及以殼菜蛤為主的大量貝殼。令人驚訝的是，島尾 I 的人骨經過放射性碳 14 年代測定，竟然早到距今 8300 年，島尾 II 也達 7700 年。這不但一下子將馬祖的人類歷史又推早了兩千年，而且也遠早於以往在閩粵沿海所發現的任何新石器時代遺址。這個發現及其在考古學上所可能代表的意義，立刻引起了國內外學術界的重視。馬祖「亮島人」也因而蜚聲國際。

關於馬祖的各項考古發現，陳仲玉先生都已經發表了詳細的考古報告，近來他更積極與各項專業學者合作，對亮島人進行了多面向的分析，包括亮島人的面貌復原、亮島人所生存的自然環境、亮島人的族群及文化意義、亮島人的遺傳基因分析及其與南島語族族群關係的研究，以及亮島人的生活與食性等等。

為了將馬祖列島的史前文化及亮島人的各項分析成果作一綜合性的呈現，期使社會大眾不必費時搜尋專業的研究報告，只要一冊在手，即可對馬祖列島上所發現的遠古人類與文化有所了然，於是陳仲玉先生

在耄耋之年，仍不辭辛勞，將他二十年來在馬祖考古
的發現和研究的精華撰成《馬祖列島的史前文化與
「亮島人」》一書。全書共分十章，從海洋文化與民
族的特色及海洋島嶼考古學的理論說明開始，依次介
紹了馬祖列島的自然生態與人文環境、馬祖列島的史
前遺址及其文化、馬祖列島的「亮島文化」，然後對
有關亮島人的各項分析結果作了解說，包括：亮島人
的體質、亮島人的牙齒型態測量與分析、亮島人的
DNA 分析、亮島人的種屬、從亮島人看南島語族源
流之探討，最後總結以上的研究，提出六點結論。這
本書資料豐富、文筆流暢、章節分明，不僅可以讓讀
者輕易了解馬祖自然環境的變化，以及史前人類與文
化的年代、內涵與可能的根源，同時也可以體認到馬
祖雖是些蕞爾小島，但在東亞與東南亞人類的大歷史
研究中卻也扮演了重要的角色。

　　我與陳先生在中央研究院歷史語言研究所共事數
十年，知道他從一個僅具高中學歷，在研究單位擔任
技術工作的人，利用公餘的時間，努力進修充實，終
於獲得臺灣大學人類學研究所的碩士學位，並在中央
研究院逐級晉升為一位具有學術地位的研究員。此一
奮發向上的精神，著實令人敬佩。而他的這一精神，
也表現在對馬祖考古的鍥而不捨，因而終於獲得了非
常豐碩的成果。

　　陳仲玉先生於此書付梓之際，囑余為序，實愧不

敢當。然為表達對陳仲玉先生致力於馬祖考古研究的敬意，乃決意不揣讜陋，藉此篇幅對其專著之緣由及意義，略作續貂，以為推介。

2021 年 7 月

序二
亮島遺址的發現是許多機緣的巧合

楊綏生

　　七十年前韓戰期間，李承山率六名特戰部隊成員，從東引駕著小艇，利用夜色掩護，摸黑登上亮島偵蒐，在島上高地插上國旗。2011 年 7 月 15 日，事隔六十年後國防部邀請李承山重返亮島立碑紀念作為國軍慶祝建國百年活動項目之一。馬防部任季男指揮官邀請地區各界代表共襄盛舉，指派兩艘海龍快艇、縣政府亦配合租用一艘民間客輪搭載受邀貴賓同赴亮島參加「登島 60 週年紀念碑揭牌儀式」。個人行經百勝港不遠處的上坡轉彎處路邊斷面上發現一處貝塚，將此訊息告訴中央研究院陳仲玉先生，開啟了日後亮島遺址探勘挖掘的系列工作。專精體質人類學的清華大學考古所邱鴻霖副教授亦受邀參加協同研究，出土及研究成果斐然。為了獲得遺傳學訊息，陳仲玉先生經由時任中國醫藥大學副校長葛應欽父子的媒合，將出土人骨標本送往德國萊比錫史同京的人類遺

傳學研究室，成功萃取古粒線體 DNA 並獲得完全的解序及單倍群的歸屬。2014 年 3 月 6 日美國遺傳學雜誌刊登了葛明軒等發表的〈早期南島語族進出台灣〉的論文。連江縣政府基於島嶼文化行銷目的，與中央研究院史語所於同年 9 月 27-28 兩日在該院共同舉辦「2014 從馬祖列島到亞洲東南沿海：史前文化與體質遺留研究國際學術研討會」，並於 29 日安排與會學者專家們轉往馬祖亮島及東莒兩遺址現地參觀後回到馬祖民俗文物舘召開圓桌會議。亮島遺址因年代久遠且可能涉及南島語族的起源議題，受到海峽兩岸及國際考古人類學界的高度重視。

陳仲玉先生所主持的亮島考古遺址的發掘研究工作業已告一段落，並陸續提出了許多可觀的研究成果。繼其發現熾坪隴考古遺址之後，再次重寫了馬祖歷史，把列島出現人類的時間推至距今 8300 年前。綏生有幸恭逢其盛並分享研究成果，除了增添縣政亮點亦為退休後的日子增添了不少趣味。藉由博物館參觀、參與學術研討會以及相關考古人類學的著作研讀，希望增益對亮島遺址出土文物的進一步了解，其中受教於陳仲玉老師者頗多，除了感謝先生對馬祖歷史文化的貢獻，更感謝其對個人的指導與無私的分享。先生集結了十年來對亮島的投入與相關研究，提出「亮島文化」的看法，綏生不揣淺陋受邀審稿並為序，誠感惶恐卻不失心中的雀躍。

考古是一門重要卻冷門的學問，一般情況下不易吸引大眾的目光。陳仲玉先生與劉益昌先生曾於2001年在金馬兩地進行考古普查，在馬祖東莒發現了「熾坪隴考古遺址」，將馬祖出現人類的歷史往前推到距今6000年前，徹底改變了人們對馬祖歷史的認知。馬祖民俗文物館興建落成後，為了充實展覽內容，2007年委由陳仲玉先生再度開挖熾坪隴遺址，並邀集訓練潘建國、王花俤、王建華及游桂香、賀廣義等地區藝文菁英組成馬祖考古隊，除了在熾坪隴得到豐碩的成果，又在東莒福正村發現了「蔡園裡遺址」，這些成果經整理後在民俗文物舘一樓的專區展出，提供了大眾對馬祖史前人類生活的認知。個人曾經數度陪同來賓參觀，對其中展出的貝類但覺熟悉，對於出土石器亦有諸多想像，彷彿回到童年海濱拾貝的歲月，也逐漸拉近了對考古的距離。在蔡園裡展廳的入口處牆面上，展示了挖掘斷面的模型，那是揭剝自遺址現地的斷面，明示大眾什麼是貝塚的樣貌，這幅景像不經意間擱在腦海裡，不知經過多少年後投射到亮島百勝港上方路邊斷面上，「那不就是貝塚嗎？」原來陳仲玉先生早已為亮島遺址的發現種下了因，民俗文物舘的考古展示區是發掘馬祖史前文化的啟示錄。

依稀記得2011年的一天，潘建國舘長陪同陳仲玉先生帶著從亮島帶回的一片左眼眶邊的頭骨出現在

縣長室，迫切而激動的述說人骨在考古上的重要意義！對於突如其來的事件，原非縣府年度工作的計劃項目，沒有相關的預算科目可支應，於是想到動用預備金，委託陳仲玉先生再次啟動他一手培訓的「馬祖考古隊」，在寒風刺骨的東北季風下，展開對亮島的考古征程。先由文化局舖陳完備了行政程序與可用資源、任季男指揮官徵得國防部同意後全力投入支援，發現人骨後陳仲玉先生更找來專精體質人類學的邱鴻霖副教授所帶領的南科考古團隊共同投入。

　　亮島遺址的出土與研究成果由中國時報資深記者呂昭隆的頭條新聞炸開序幕，立刻引發海峽兩岸及國內外考古人類學界的重視，「世界亮島」的影像浮出腦海，如何利用考古人類學上的重大發現，吸引世界的目光，讓馬祖藉著亮島讓世界看到，也成了縣政行銷的重要功課，而國際學術研討會的順利召開更集其大成。

　　考古研究是陳仲玉先生的畢生志業，除了馬祖的亮島遺址、熾坪隴遺址及蔡園裡遺址，曲冰遺址也是由陳仲玉先生發現的，而曲冰遺址及亮島遺址都先後被選列為國定遺址更是先生的重要貢獻。2017 年 9 月 16 日有幸應邀陪同到台中參加「第四屆國家文化資產保存獎」頒獎典禮，陳仲玉先生獲頒文化部保存貢獻類獎項，這是台灣考古界繼中央研究院臧振華院士、連照美教授之後第三人，能與文化局吳曉雲局長

及民俗文物館潘健國舘長一起分享陳仲玉先生深化馬
祖文化的貢獻與成就，與有榮焉。

今年正逢亮島遺址發現十週年，同時亦由縣定遺
址升級為國定遺址之際，陳仲玉先生欲將其在馬祖的
最近十年投入心血，重新疏理鋪陳成專書《馬祖列島
的史前文化與「亮島人」》，無疑是「亮島人」出土
十週年最佳的獻禮。

2021 年 5 月 17 日

自序 ———————————————

　　在作者考古學研究的生涯中，接觸到海洋文化始於 1981 年 4 月，第一次去到位於台灣東南方的外島——蘭嶼（日治時期稱「紅頭嶼」）。居住在該島的雅美族（現稱達悟族），是全國境內獨一無二的海洋民族。嗣後，因緣際會於 1988 年獲得執行「蘭嶼考古學初步調查計畫」的機會。[1] 計畫執行期間，在該島上生活，與當地的原住民接觸，深深體會到海洋族群文化的生活方式、生業型態、環境適應、資源獲取、居屋結構以及工具使用等，均與陸地文化有相當的差異。顯然海洋島嶼考古的研究，其方法論應有別於陸地考古，將來有必要將考古學門另立一分支學科。

　　其實，蘭嶼的考古學研究工作始於 1897 年，日治台灣的第三年。人類學者鳥居龍藏帶同助手中島藤太郎與小嶺小太郎，做了為期三個月的調查。中島氏不幸受火燒傷，歿於該島。[2] 其後，鹿野忠雄曾經在蘭嶼研究多年，尤其是於 1927-1929 年間，以警員的

1　陳仲玉，1989。

2　鳥居龍藏，1902。

身分居留，調查的成果貢獻大。[3] 他並且在 1941 年發現甕棺葬[4]。此外，另有零星關於石斧等物質文化出現的報導。然而，終日治時期，皆以調查蘭嶼土著民族為目的，考古學的發現僅是其副產品。

光復以後至 1980 年代，情況沒多大改變。考古學研究方面，僅國立臺灣大學考古人類學系宋文薰、連照美兩位教授[5] 與美國學者尹因印（Richard B. Stamps），各做過一次甕棺葬的發掘。[6] 基本上蘭嶼仍然是考古學的「處女地」。

作者首次去蘭嶼島進行考古調查，有段經歷背景。台灣光復以來，蘭嶼雅美族的研究，主要由中央研究院民族學研究所研究員劉斌雄先生主導。他與宋文薰教授都是國立臺灣大學歷史學系早期的同學，為研究雅美族資深學者。他是作者的亦師亦友，友誼甚篤。在日常與他交誼時，經常談到雅美文化的林林總總，逐漸感到興趣。綜觀雅美文化的特質為：

一、生業方式：男人海上捕撈魚類，女人下田種植芋頭及小米。如此食物中，既有蛋白質，又有澱粉質，獲得平衡人體的兩種重要營養。在採食魚類中，

3　鹿野忠雄自 1928-1946 年間發表有關紅頭嶼的報導 15 篇。

4　鹿野忠雄，1941。

5　與兩位教授私下交談得知。

6　Richard B. Stamps, 1979.

族人將其區分為：老人魚（僅供老人食用的魚類）、男人魚（味腥，皮如砂紙，女人不可食用）、女人魚（肉質鮮美，任何人皆可食用）。因此，男人在捕魚時，必須要兼顧全家人食用的各種魚類，同時抑制過量捕殺單一魚種的危機，也是一種生態保育的平衡。

　　二、物質文化：日常生活中所使用的各種器具，多依賴個人親手製作或族人分工。

1、陶器與陶偶：種類繁多。族人大多可自製或集體分工。

2、木工：最獨特的製作是兩端上翹的合板舟。船分大小兩種，大者為 10 人操作的船，大多為家族的集體製作成果。此類船隻可用 10 年左右。早在計畫造船之前，先要到山區森林中，物色一棵大型板根的樹木，刻下符號為記，此樹即為此家族所有，他人不可染指。到選好的時間，即將之砍伐運回居屋附近的施工地點，切割合板成船。小型船則為單人海上捕撈之用，其船型與大型合板船結構相同。木材工藝中，另有日常居家的用具和裝飾品等。使用最為頻繁的餐具為木盤，要依魚的種類用不同形狀的盤子盛裝。有些居屋的木板內牆，雕刻裝飾圖案，多以魚類為主題。

3、冶金：雅美族人是台灣原住民唯一會冶金術的一族。但僅限於金與銀兩種金屬。先是將金或銀塊置於陶質坩堝內，選取番龍眼或攬樹木材燃燒熔

解成液態，倒在石板上。再用石頭或鐵槌，敲打成薄片，使之成為各種形狀之飾物，如手鐲、崁片等飾品。最特殊的是金字型的頭盔，自頂尖而下，分數層，每層由大小不同的銀片綴合而成，僅在眼睛部位露出雙孔。戴在頭上，如是 5-6 層的頭盔就蓋住了整個頭部。據說父親的頭盔，在逝世之後由兒子繼承。如有兩個以上兒子，即以頭盔上的銀塊數平分。兒子們即將銀片重新打造頭盔。此盔的層數大小不一，兒子們要靠自己的努力去補。

4、居住建築：雅美族人的居屋尤其有特色。首先敘述各屋的配置模式。他們的聚落位置，多選在距離海邊不遠的坡地。每一家屋都有它一套完整的模式，包括主屋、工作房、家禽巢窩、涼臺、曬魚架等五個部分。

a. 主屋：在四面圍牆的下方，偏向靠山的位置，面向海。內部結構複雜。屋的大小不一，依屋主的財力而定。主屋看似地下屋，可防颱風，其實是因圍牆所造成的錯覺。

b. 工作房：在主屋左側。結構分上下兩層，上層為工作場所，在圍牆上方，房門向海。下層是畜養家禽的巢窩。主屋與工作室前方，有塊稍大的場地，另立一小涼臺，四枝杆柱，離地 50 公分左右的平板床，草頂而四面皆空。顯然是熱帶區域白

天乘涼之處。涼臺右側，立竿架為曬魚用。曬魚架前的地面上還立兩塊向後微斜的靠背石。

三、聚落模式：其實是經過成排的規劃，居屋群類似梯田式的布置。

每家圍牆至少有 1 公尺以上的寬度。主屋的背面後方，即是上層人家的涼臺、曬魚架場所，也是前排人家主屋的倚背面。僅有主屋左右兩側的圍牆即成為眾人的通道。因是山坡地，上下層居屋群之間設下水道，從來不會淹水。

四、宗教信仰，每年春季的飛魚祭，大船啟用的下水禮等不一而足。

有關雅美族文化，在本序文中多費篇幅細述，是因為蘭嶼島上的雅美族是至今在全國諸多民族中，唯一道道地地的海洋民族。而且由於自 1895-1945 年間，日治時期該地被視為「人類學試驗室」，經過 50 年以上的隔離，讓吾人有幸體會，並引申為古代海洋民族的遺風。如依據台灣某些民族志的記載，雅美族與菲律賓巴丹群島的土著關係密切，並且該族亦可能是在 1,300 年前自巴丹群島北上遷入者。

因此，作者曾經於 1998 年，赴菲律賓巴丹群島考察該地的土著與文化。菲律賓曾經歷西班牙與美國四百多年的殖民統治，如今該群島土著的生活方式與雅美族有了甚大的差距。前文所述雅美族的生業方式、居住建築、聚落模式、木工與合板船的製造等文

化工藝，在巴丹群島大多不見蹤影。雅美族的這套文
化特質，在泛太平洋的民族誌中，亦為少見。所以，
1981 年作者首次登上蘭嶼島的所見所聞，印象非常
深刻和啟發，即時立下職志，後半生的生涯，專注在
海洋島嶼考古學研究上。

　　自 1988 年接得「蘭嶼島的考古學初步調查研究」
計畫，為蘭嶼島做了全島普查。嗣後，自 1995-1997
的三年間，執行了兩次金門群島（包括小金門）的研
究計畫，以及東沙島與南沙太平島的考古學調查。深
深體會到，每座島嶼均是一處完整的自然生態體系。
先民們不論是長久居留，或是季節性、臨時性的上島
活動，他們對居住位置的選擇、資源的取得、水的來
源等等，均與自然生態環境息息相關。因此，先民們
在陸地生活所產生的文化與海洋島嶼的先民文化，顯
然有很大的差異，尤其是史前時代的文化。

　　2001 年 2 月，作者自中央研院歷史語言研究所
退休。但在事前仍有內政部委託的「台閩地區考古遺
址普查研究計畫」第六期（金門縣、連江縣部分），
仍在主持執行中，到是年 11 月才完成。這是因金門
縣與連江縣之前被設定為軍事管制區，考古學的普查
工作有所未及。自管制解嚴之後，才得以補足。也因
執行這項研究計畫，再回金門重新檢查那些以前所發
現的遺址，又另有收穫。尤其是得以讓作者完成要為
馬祖列島作考古學研究的心願。馬祖列島位在福建閩

江口，與作者的故鄉福州市近在咫尺。列島上居民的
生活方言「福州話」則是作者的母語。因此在馬祖列
島中，有居民的四鄉五島做普查，簡直就是回到老
家。使用鄉音互通，倍感親切。在執行普查研究一年
之後，發現三處史前時代遺址與五處歷史時期遺址，
計畫圓滿完成。

　　其實與馬祖列島地區人士的結緣，始於 1997 年
2 月，在台中國立自然科學博物館舉辦「考古人才培
訓班第四期」的一段往事。由於作者想造訪馬祖列島
的心願已經多年，當時苦於沒有適當機會。在是次考
古人才培訓中，就講課之便，認識了來自馬祖的國中
老師王花俤。當年夏天，帶同兩位研究助理，首次拜
訪王老師，由他導覽旅遊一趟南竿島。2001 年 2 月
在執行研究計畫期間，王花俤老師介紹潘建國先生相
識。潘先生其時正在籌畫「馬祖民俗文物館」，是夜
談了許多有關博物館規劃事宜，當時承諾協助。但事
隔兩年多，於 2003 年春天，作者有訪問英國劍橋大
學考古學系之行，到 11 月回國。其時潘建國先生找
作者多時，因「馬祖民俗文物館」將於 2004 年元旦
開幕，意欲邀請在開幕當天午後作一場演講。其時想
到馬祖列島對考古學來說，還是一塊「處女地」，正
是好機會宣傳該地區做考古學的重要性。於是就以
《從考古遺址談馬祖列島的歷史》為題，進行演講。
自此揭開了馬祖列島史前史研究的序幕。

　　為了要充實馬祖民俗文物館陳列品的質與量，2004 年建議由連江縣政府文化局撥經費，由作者組成馬祖考古隊發掘熾坪隴史前遺址。這項遺址的發掘，將馬祖列島的歷史推早到距今 6,000 年。同時出土甚多陶器、石器與骨器等物。2007 年，作者又率隊發掘蔡園裡歷史時期的遺址，自貝塚中又出土一批自唐代末年至元代的陶瓷器。

　　2011 年 7 月 15 日，軍方舉辦「登亮島 60 週年紀念會」，其時的連江縣縣長楊綏生先生受邀上島，就在亮島的百勝港上方路邊看到有貝塚遺跡。回到南竿，即時通知作者。因而再次召集原「馬祖考古隊」的潘建國、王花俤等人，上亮島初次調查。其時除了證實百勝港上方的貝塚為歷史時期的遺址之外，另發現了亮島島尾 I 遺址與地層中的「亮島人」1 號的頭蓋骨 3 小片。此外，另在其附近又發現亮島島尾 II 遺址。因此在亮島展開另一波考古學研究工作的熱潮。其關鍵在於遺址的年代，經碳十四（C14）初步測定與校正，近 8,000BP.，比台灣本島任何一處新石器時代的遺址都早。更重要的是「亮島人」1 號的發現與出土，男性骨骸的完整度約 70%，年代為 8,300-81,00BP.，這一發現是中國東南沿海一帶所少見。除了為他命名之外，作者另外為他取個綽號叫「海亮哥」。

　　嗣後，在同遺址中又發現「亮島人」2 號，女性

骨骸完整度更高達 80%以上。他的發現有一段內幕
故事，可說是天意。在「亮島人」1 號出土後，楊縣
長在每次考古隊下田野之前，都期許再挖個「亮島
妹」。隊員們無人不想，只是都知其難度。就在島尾
I 遺址完成了兩處探坑之後，決定再開一坑。開坑之
前，關於坑位的定位，同仁們曾經一番討論。有說最
好位置是選取已開的兩坑之正中位置，這意見是很正
規的想法，但我則堅持要在靠近 1 號坑（即出土「亮
島人」1 號的坑）的位置。因該處貝塚堆積較厚，出
土物會較多，且另有墓葬的可能性也大。該處地面較
寬，作者要求將挖掘坑的寬度往西側增加 20 公分。
這兩點決定，果然奏效。結果挖掘到 L4（距地表 30-
40cm）的深度，就在此坑的西北角出現人的膝蓋骨。
因而就推估可能人骨走向與身高，拓寬並加大此坑的
長度與寬度，因而現出整體人骨的全形。這就是「亮
島人」2 號發現的經過。其關鍵就在此坑位的定位，
稍差即失。同仁們即承楊縣長之意，取綽號「亮島
妹」。

　　然而，在亮島島尾 I 遺址的發掘中，最遺憾的一
件事也發生在「亮島妹」身上。自從這第 2 號墓葬
（M02）發現之後，就擴坑逐層向下發掘，於 L3 發
現頭部的左眼眶外側、左顴骨與部分頰骨弓，確認為
人骨無誤，應為仰身直肢葬。骨骼質地相當良好，推
估頭骨保存狀況應該相當良好。依據墓葬可能之範

圍，確認墓葬大致輪廓。經同仁們商議，若切割土方搬運，則考慮其體積與重量，於過程中損壞的風險過大。實在無法依循「亮島人」1 號的方法，將墓葬連同泥土，運回南竿工作站處理的方式，因此決定就留在遺址現場。加上其時正巧有「蘇拉」颱風將至，又遇上邱鴻霖先生要出國學術考察，因此田野工作只好暫停，留待邱鴻霖回國後，將組織處理人骨的專家小組，上島再進行現場發掘。考古隊離島之前，在人骨上以黑色塑膠袋覆蓋，再回填薄層土方，以增加人骨的安全度。並且在發掘坑上方以木支架與帳篷加蓋，以避免颱風造成傷害。不意在兩個月後，再次回到發掘坑現場時，發現人頭的臉部與下顎骨等部位全失，僅殘留後頭骨，骨骼之斷裂痕極為新鮮，顯然被盜掘。事發後，幾經多方折騰，案情曲折離奇。最終還是查出軍中一個醫務人員坦承犯行，並追回贓物。因而得以還「亮島妹」頭骨原貌。經過邱鴻霖事後實行的彌補工作，發現有五大項損害。其中最大損害且無法彌補的，是考古脈絡的喪失。無法證實墓葬之頭部、右上肢確實姿態與陪葬品的存在。頭部、右軀幹一帶出土遺物與人骨間的脈絡關係等的喪失，以及造成修復工作的困難。邱鴻霖有一篇詳細的報導[7]，不

7　邱鴻霖、陳仲玉、游鎮烽，2015：254-266，附件六，《亮島人 2 號盜掘事件始末與損害評估》。

再贅述。

　　自從兩具「亮島人」遺骸出現之後，受到考古學界與人類學界相關學者們所重視。就個人所知，目前已有多位國際學者們，曾應用有關「亮島人」的資訊，在重要如《科學》（*Science*）[8]、《自然》（*Nature*）[9]等刊物中，發表了數篇文章；其中有三篇論文，作者也列名。因此，本書的寫作動機，原只為「亮島人」的部分，作一次較為完整的報導。然而，在這段寫作期間，必須回顧近十幾年來在馬祖列島上的考古學研究工作，同時也做了一次檢討。其實個人也將馬祖列島的史前史逐漸整理出系統，所以才提出「亮島文化」的概念。將此書的結構做了修訂，把全書分成上下兩篇。

　　本書上篇為〈馬祖列島的史前文化〉。其內容主要敘述由海洋島嶼考古學的觀點，看馬祖列島的史前文化。由於馬祖列島史前時代的考古工作，目前僅有東莒島和亮島兩處地點，發掘了三處遺址。在 2001 年普查時，發現的北竿島塘岐遺址與南竿島的福澳遺址，以及近年已經得知的黃官嶼遺址等三處，連試掘都尚未著手。另有五處早期屬歷史時期唐末至明代的遺址，僅東莒島蔡園裡遺址一處經過發掘。所以，馬

8　Melinda A.Yang, Qiaomei Fu, at el., 2020

9　Hirofumi Matsumura, et al., 2020.

祖列島的考古學研究工作，事實上才進入啟始的階
段。因而要將此列島的史前史，發展成一完整的體
系，仍然有待努力。

　　本書下篇主題為〈「亮島人」的研究〉，原是本
書寫作的主要動機。由於兩具「亮島人」遺骸具備了
諸多條件，譬如 8,300-7,500B.P. 年代久遠，這年代的
人骨遺骸在華南與東南亞已是罕見。而且又證實了他
們的母系血緣均與現生的台灣南島語族有密切關係，
更顯出其重要性。研究團隊是既幸運，卻也肩負著研
究困難度相當高的任務。我們有責任要從有限的破碎
資料中，一片一片拼湊重建起「亮島人」的形象；並
且重建他們的尊容，探尋其前世今生的蹤跡。為此我
們規畫了跨領域研究，用不同學門的科學證據，來重
建亮島的古代環境、「亮島人」的生命史、甚至是他
們的食譜、亮島與周邊考古文化的關係等。更進一
步，我們也運用了最新的文物保存與記錄科技，使出
土的人骨與文物受到妥善的保護，3D 掃描與數位化
資料的永續保存，期許未來能將資訊與研究成果公
開，為社會大眾提供知的權利。

　　因此，相關的研究學科，除了史學、考古學外，
更擴展到體質人類學、人種遺傳學、文化人類學、語
言學等的學科研究，在此書中均有敘述與分析。至今

作者與研究團隊的發掘報告有 4 本，[10] 其餘由作者主
筆的有 1 本關於「亮島人」DNA 研究的中英文對照
專書[11]，另在研討會議論文集或刊物等處，發表了 6
篇文章。此外以「亮島人」主題做了多場演講，其中
在中央研究院演講〈懸崖上的考古發掘：八千歲「亮
島人」出土的故事〉，演講紀錄發表於 2015 年中央
研究院《知識饗宴》系列（11）[12]。在英文著作方面，
在亮島島尾遺址群發掘期間，曾經在「2013 東亞人
類學協會」大會作了報導[13]。作者與國際學者們合作
的相關論文 3 篇，均已發表在著名期刊中（如上所
述）。[14] 可見「亮島人」的研究受到國際學者相當地
重視。相關資訊在本書下篇中，亦有所敘述。

　　其實，歷次在馬祖的考古田野與研究工作，都是
由連江縣政府文化局處撥經費支持。嗣後，也曾主辦
過四次大小研討會，分別如下：「2005 中國東南沿海
島嶼考古學國際研討會」，「2007 馬祖考古遺址出土
的陶瓷器小型研討會」，「2011 馬祖列島與海洋環境
文化國際學術研討會」，「2014 從馬祖列島到亞洲東

10　陳仲玉，邱鴻霖等，2012a，2013；陳仲玉、潘建國等，2016；
　　邱鴻霖、陳仲玉等，2015。

11　陳仲玉，2013。

12　Chen, Chung-yu, 2013.

13　Chen, Chung-yu, 2019.

14　陳仲玉，2015。http：//youtube/18He1hBOiKg。

南沿海：史前文化與體質遺留研究國際學術研討會」。研討會均以馬祖地區的考古研究為重點，出席者多國內外的學者專家。他們所提的論文，至少對作者個人受益良多。也在本書中多有引用，銘感於衷。

　　作者此生從事考古學的研究工作，深深體會這學門除了需要多學門的協助與科際整合之外，更需要團隊的合作。馬祖列島的考古工作，自 2005 至 2016 年間，一向都是「馬祖考古隊」同仁們合作的成果。同仁中，以潘建國、邱鴻霖、王花俤、游桂香、尹意智、林方儀等先生女士們，協助尤多。連江縣政府在經費上的支持，尤其是文化局前後任劉潤南和吳曉雲局長的鼓勵。其時，文化部文化資產局王壽來局長更是支持的推手。「亮島人」的發現，顯然起始於楊綏生縣長發現亮島百勝港遺址貝塚的功勞。今又承蒙為本書寫序。兩具「亮島人」DNA 的萃取成功與研究，多承葛應欽教授與德國馬克斯、普朗克人類演化研究所的史同京教授團隊的合作。葛應欽教授並為文稿提供意見與參考資料。「亮島人」的發掘與骨骼整修研究，邱鴻霖教授和他的工作小組，充分發揮了專業。有關「亮島人」的齒結石萃取澱粉質，引申至食物的研究，有賴國立自然科學博物館的李作婷博士的協助。關於考古田野工作，需要相當多的人力。其中除了研究團隊外，實地挖掘的工作，需要更多的勞動力。這點要特別感謝馬祖防衛指揮部的長官和士兵弟

兄們的協助。由於亮島是軍事管制區，其時的指揮官
任季男中將，為了要核准考古隊上島發掘，他曾親自
去國防部拜見高華柱部長。又在田野發掘期間，無法
帶勞工上島，完全依賴島上派士兵弟兄們出公差，讓
他們業餘付出勞力。

　　本書承蒙數十年同儕老友臧振華院士審閱修訂，
又為寫序。寫作期間，摯友陳彩鳳教授協助文稿修
整、編排並提供意見。聯經出版公司發行人林載爵先
生資助發行。亮島遺址群的研究工作，也很受中外媒
體的重視。《中國時報》記者呂昭隆先生首先報導「亮
島人」的發現。在考古田野工作期間，新聞報導者
眾，其中以陳香蘭女士出力為最。她的團隊在考古隊
第三次的發掘期間，全程現場錄影；製成「亮島人」
影片，效果甚佳，頗得好評。總之，自考古田野工作
到本書發行，承受眾多的關愛與協助，無法列舉，只
好併此致最高的謝意與敬意。

　　　　　　　陳仲玉於南港舊莊，2022 年 11 月

馬祖列島的
史前文化

第一章 ——————————————

馬祖列島的
自然生態與
人文環境

一、馬祖列島的自然生態環境

　　大約 12,000 年前，最後一次冰河期結束。全球
氣候暖化、海面開始逐漸上升，直到距今約 6,000 年
才穩定成如今之海平面。以致，東亞大陸沿海的若干
地區與原先相連的陸地被隔離，形成今日的海中小
島。上古閩越之地，即今之福建沿海，有很多港灣島
嶼，故有「閩在海中」之說。[1] 福建沿海有三點地理
特徵：1. 海岸線蜿蜒曲折，長達 3752 公里。2. 大小
島嶼星羅棋布，面積在 10 平方公里以上的島嶼有二
十多座，1 平方公里以上的島嶼有 1,500 多個。3. 江
河入海口眾多，形成了眾多的河口灘塗和海灣。[2] 其
中閩江、九龍江、晉江、漳江的出海口均形成福州、
廈門、泉州、漳州等名城。這種自然地理條件，使福
建沿海海洋資源豐富。

　　福建沿海諸外島中的「馬祖列島」（圖 1），位置
就在閩江口外海，與連江口、羅源灣一帶隔海相望。
列島包括南竿、北竿、高登、亮（浪）島、大坵、小
坵、東莒（東犬）、西莒（西犬）、東引（東湧）、西
引，以及周邊小島共 36 個島嶼，各島嶼間迤邐綿亙

1　《山海經》〈海內南經〉。
2　林公務，2012（1）：44-48。

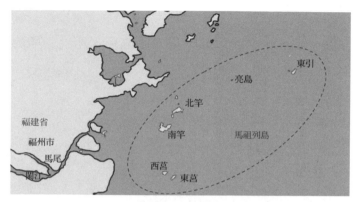

圖 1　馬祖諸島與亮島位置圖

86 公里。馬祖離台灣 182 公里，與中國大陸近在咫尺的高登島相距僅 9.25 公里；因此在地理位置上與中國大陸關係密切。行政區域隸屬於福建省連江縣，分南竿、北竿、東引、莒光等四鄉，而南竿鄉介壽村是行政中心所在地。

　　馬祖列島地質屬中生代晚期火成岩基盤，但以酸性深層火成岩為主。各島嶼的地質上部土層，主要成分為細砂和較緊密之黏土質細砂夾礫石；下層為灰色質地破碎的花崗岩。地勢起伏大且陡峭，地形多谷地、灣澳。海岸地區花崗質岩石，受風化及波浪侵蝕作用，多崩崖、險礁、海蝕門等地形。部分灣澳地區經過沖積與堆積作用形成沙灘、礫石灘、卵石灘。由於諸島的島狹山低，地表土壤主要是由岩石受風化作用形成。花崗岩質地堅硬、風化不易，需要較長時間

才能風化為土壤，因此大部分地區的土壤層較薄。稀薄的土壤層，本就不利地下水的賦存，加上長期海風、季風的吹襲，以及海水帶來大量鹽霧，影響到植物的生長。[3]

　　福建沿海屬亞熱帶海洋性氣候，四季分明，冬冷潮濕，春夏交際多霧，秋天氣候平均較為穩定。因靠近中國大陸類似大陸型氣候，年平均溫度為攝氏18.6℃。早晚溫差大，每年氣溫以12月至2月間最低，僅10℃左右；7、8月氣溫最高，月平均溫度在29℃左右。全年降雨量多集中於4至5月。颱風則多發生於7、8月，年平均雨量約1,060釐米。雨季集中在4至9月的梅雨季及颱風季。

　　馬祖列島因地理與地質的因素，陸域的動植物資源均為貧乏。島上多荒涼，缺乏林木，植物資源非常有限。原生植被以低莖草類及灌木叢之混合植群為主，惟海岸環境多為岬灣相間的海岸特色或是礫灘、沙灘等，孕育出豐富的濱海植物。其中較稀有者如紅花石蒜（L. radiate）和換錦花（L.sprengeri），均是美麗的球根花卉。濱海植物外，被記錄的植物計有116科，約500種。早年居民因伐木割草為炊，又無大河湖泊以供生物孳息，致使山石裸露。現今馬祖之林木

3　張長義等，1998：1-12。

花卉盛開，多為民眾與駐軍自台灣移植而來。[4]

　　小型島嶼缺大型的動物群。但因地處於東亞候鳥遷徙路線之中繼站，每年皆吸引無數鳥類在此過境，渡冬繁殖。以候鳥為主，多燕鷗科鳥類和若干保育鳥類。主要有白眉燕鷗、紅燕鷗、蒼燕鷗、鳳頭燕鷗、黑尾鷗、岩鷺、插尾雨燕等 7 種鳥類。曾經在國際被列為瀕臨絕種的「黑嘴端鳳頭燕鷗」，這種鳥自 1863 年被命名以來，僅有五筆紀錄，有關其外型、分布地、繁殖情形，均不很清楚。但於 2000 年竟在馬祖列島的中島發現蹤跡，於是被冠上「神話之鳥」的美譽。政府將馬祖的八座島礁設為「燕鷗保護區」，都是無人島嶼，不受人為干擾，形成鳥類天堂。[5]

　　馬祖列島因位在閩江口，海岸線長、潮差大，又是溫熱帶冷暖海流交匯處；海洋洄游性魚蝦，如：黃魚、露脊鼠海豚等，棲息繁衍，因此海濱和海洋生物具有多樣性，也豐富了地區漁業資源。潮間帶生物種類繁雜，有幾種台灣少見的溫帶種類，如：短玉黍螺、扭鐘螺、日本蜑螺、紫孔雀蛤、中華長文蛤等。魚類資源是馬祖地區早年經濟命脈。[6]

4　陳國土，1996：105。

5　陳國土，1979。

6　張長義，1998：2-17。

二、馬祖列島的簡史與人文環境

　　人類在更新世末期就有接近海洋的族群。有了渡海的工具後，開始在海上活動，取用海洋漁產資源。其中有的族群逐漸形成長年生活在海上漂流的海洋民族，他們的出現當在 10,000 年以上。本書主文要敘述的「亮島人」，就是近年在馬祖亮島發現到的兩具人類遺骸及其遺跡，年代早至距今 8,300 年。另外在東莒島的大坪村發現的熾坪隴史前遺址，距今 6,000 年。他們均可能是其時漂流在太平洋西岸的海洋族群，這情況一直延續至晚近。譬如現今在中國境內仍有所謂的「蜑民」，可能就是他們的後裔。在閩江流域下游的蜑民，自稱「曲蹄」。他們就曾經落腳於馬祖諸島的海岸澳口，因此在該地有些澳口被稱為「曲蹄灣」、「曲蹄澳」等地名，就是其遺風。[7]因而可知馬祖列島最早的居民，至少可以推到 8,000 年前新石器時代。

　　2001 年作者從事馬祖列島的考古遺址普查時，曾經在東莒島的福正村蔡園裡發現一處歷史時期的考古遺址。[8]又於 2007 年發掘該遺址時，出土一批唐代

7　陳仲玉，2011b：73-78。

8　陳仲玉，劉益昌，2001:09007-1,PLATE-0900703-TYL-1~3。

末年至元代的瓷器（片），以及銅錢等物。[9] 此外，現今在南竿島鐵板澳的大王宮，尚保留一方石碑，鐫刻：「林酉才喜舍中統鈔二十貫」，案中統鈔是元代的錢幣，足以證實史籍所記元代在福州設萬戶府，曾派重兵戍守，當時有海疆綏靖之說。其時因為海防和漁業日益重要，鐵板澳等各聚落曾經呈現一片榮景。漢人入住或開發馬祖列島至少可以推早到晚唐至宋初時期。

　　由於馬祖列島位於閩江口，成為戍守福建省城福州的海防重鎮。明代時東南沿海面臨國際競逐，倭寇、海盜和列強船艦頻頻寇邊，馬祖也被捲入這股歷史洪流中。明初經略福建海防，廣設水寨和杆寨，行衛所兵制，定時派兵巡哨。後因海島孤立難援，洪武二十年（1387）將杆寨移至連江縣內北茭，實施史上第一次海禁政策。馬祖列島遂成荒島，淪為海盜、倭寇嘯聚之地。[10]

　　清初為封鎖東南沿海人民資助鄭成功反清勢力，又一次頒布遷界令，是為史上第二次海禁政策，於是馬祖列島居民生計再度受到重創。一直到乾隆年間，沿海貧苦漁民為了生計，不少人私自下海移駐馬祖列島。朝中大臣和地方官吏屢次上奏朝廷，說明開墾沿

9　陳仲玉、王花俤、游桂香、尹意智，2007。

10　陳國土，1979。

海島嶼「以盡地利，以養民生」的重要性。於是乾隆皇帝下旨解禁，島民回流，人煙稠密。但於清嘉慶年間，馬祖列島再度為蔡牽、朱濆等海盜勢力盤據，肆虐長達十餘年之久。沿海漁民視閩海為畏途，生機中斷，直到蔡牽被殲滅為止，才逐漸恢復生機。傳說東莒島福正村的舊地名為「蔡園裡」，即蔡牽的總部所在。自海禁解除後才有福州沿海漁民移居。今日南竿鄉是馬祖第一大島和人口最集中地區，逐漸形成村落，以陳、林、曹、王、劉為大姓族群。為連江縣縣治所在，也是馬祖的政經文教中心。馬祖與金門二處列島，在 1949 年以後兩岸分隔對峙的年代裡，成為防衛台灣之前線。各島嶼四面環海，環繞島嶼周圍而建的海防據點，是其時的第一道防線。馬祖海防據點的數量很多。較大型的海防據點除地面上的建物外，還會挖掘礁岩創造地下坑道，以連接海防據點，作為通道或儲藏戰備設施等空間用途。如今均成為見證當初作為戰地的古跡。[11]

三、亮島的自然生態環境

「亮島」是馬祖列島之一，原名「橫山」又名「浪

11　Lin, Wei-ping, 2021: 31-69.

島」，行政區域隸屬福建省連江縣北竿鄉。位在北緯
26°20'42"，東經 120°13'37"。坐落於北竿島與東引
島之間，距離兩島各約 27 公里，為北竿鄉最北之一
處島嶼。亮島長約 1,400 公尺，最寬處約 250 公尺，
面積約 0.35 平方公里。腹地狹小，地形險峻，沿岸
四周多峭壁，島嶼周圍遍布礁石，屬侵蝕海岸地形。
島的最高處海拔 168 公尺。氣候受洋流影響，四季分
明，冬冷夏熱；但因緯度稍高，年平均溫約 20℃。
全年雨量稀少，不到 1,000 釐米；降雨多在春季，
夏、秋、冬三季則為枯水期。風向隨季節規律變化，
全年大多為北北東風與東北風；夏季吹南南西風與西
南風；春季偶吹南南西風；無風日甚少。風速則隨季
風而異，冬天的風勢最為強勁。[12]

　　亮島在軍方進駐防守的初期，島上的地面是光禿
一片，少有植被生長。目前島上所見的樹木，大多是
軍隊進駐之後才陸續植栽的。島上的動物也稀少，僅
有一些爬蟲類與昆蟲等生物，主要是一些遷移性的候
鳥類。然而，四周海濱的貝類（如螺、蛤等）與海洋
性魚類，物種則甚豐富。

　　自從 2011 年作者在亮島發現約七、八千年前的
史前遺址群後，不但是考古工作者，就是朋友們也在
問，七、八千年前的人，為什麼會住在那樣的孤島

12　《北竿鄉志》〈亮島簡史〉，連江縣北竿鄉，2005。

上？當然該島周圍貝類與海洋性魚類物種的豐富，可能是主要原因。此外，作者多次在亮島I遺址的田野工作時，由於亮島I遺址位在島尾懸崖邊上，經常看到大陸的漁民就在懸崖下方，早晚各一次收漁籠與放漁籠，可見漁產豐富，可能也是主要原因之一。尤其是夏季，更有漁民潛水撈貝。因而推測該處海岸不會很深，亮島島尾附近海岸才是真正的漁場。全球的海平面升降有個大致資料，但也有區域性差異。東亞這一帶比現在低約 10-12 公尺。[13] 若然，則八千年前亮島島尾附近可能多淺灘或灘塗而盛產貝類，成為古代海洋族群逐海產而居之地。

四、亮島的人文環境

亮島地處偏僻，海流湍急，風浪大，船隻停靠不易。加上早年常有匪盜出沒，因而雖然周圍海域漁貨量豐富，卻少有人煙。偶爾會有漁民短時間來此捕魚作業，但無長期居民，是一座無長久居民的島嶼。目前尚不確定何時開始有亮島相關記述，但在清道光十二年（1832）周凱纂輯的《廈門志‧卷四》附〈北洋

13　陳仲玉、劉紹臣，2016：5、6。

海道考〉中即已出現「橫山」一詞。[14] 又如民國十六
年（1927）曹剛修、邱景雍纂《福建省連江縣誌》〈山
川志〉云：「橫山在北竿塘下，距治水程一百六十
里。魚船簇此採捕。」[15] 可見 1832 年以前已稱「橫
山」，又從馬祖漁民的口述中亦可以得知，至今仍然
用「橫山」此名。早在軍方登島之前，該島就在他們
的生活範圍之中，主要為季節性捕撈魚、貝類，尤其
盛產黃魚。人群活動的時間，多在農曆四月半到七月
半之間，且不做長期定居。至於何時又稱「浪島」？
依作者的推測，可能是軍方採取英國海事局的 *The
China Pilot* 一書，將「橫山」稱 Larne Island。此書
為英國人在中國東南沿海（包括南中國海）實測的地
圖。[16] 此書嗣後改為 *The China Sea Directory*，大約
2-4 年即行增補修訂，其編輯者也在變。陳壽彭於
1900 年將該書的新版翻譯為《新譯中國江海險要圖
志》，音譯 Larne Island 為「蘭島」。[17]

　　在 1949 年以後，兩岸對峙的年代裡，亮島曾經
斷斷續續為共軍所管轄。然而，因亮島位於北竿島與
東引島中間，在台灣與馬祖海上航線中占很重要位

14　周凱纂輯，《廈門志・卷四》，清朝道光十二年（1832）。

15　曹剛修、邱景雍纂，1927，《福建省連江縣誌》〈山川志〉。

16　King, John W.,1861, p.135.

17　陳壽彭，1900：卷六上，348

置。1951 年 7 月 15 日，海上特種突擊隊中隊長李承山奉命率領隊員六人，趁夜色登陸上岸，並在制高點豎立國旗，自此亮島歸軍方管轄。至 1965 年 3 月 17 日，才正式派遣加強步兵連進駐此島，直到現今。1966 年，當時國防部蔣經國部長抵達島上視察，取「島立天中，亮照大陸」之意，將「浪島」正式定名為「亮島」。在兩岸八二三炮戰那段期間，島上配置有陸、海、空三軍駐守，人數最多曾達二百餘人。近年來逐步撤防後，目前島上僅留有陸軍守備隊。

海洋文化與海洋島嶼考古學

一、海洋文化與陸地文化

地球的表層是人類賴以生存的空間。地理環境中的各項資源是人類生活的重要條件。為適應地理環境及使用環境中的資源，各地人類所取的生活方式有相當的差異，此即為人類文化的多樣性。生活方式雖受制於地理環境，但科技的發展又會去改造環境，成為彼此互動的關係。這種互動的現象，在不同的自然環境，有不同的反應方式所產生不同型態的文化，大致可分為：1.乾燥的高原型和開闊的草原型，2.大河流域平原型，3.近海岸區域的海洋型等三種類型。其中高原型、草原型及平原型，歸屬於大陸文化，近海岸區域的海洋型，則歸屬於海洋文化。

大陸文化是「靜」態的，在陸地的生存方式，會因山嶺高低、江河長短以及占有土地之大小性質而受影響。但基本上大陸文化的生成背景，比較崇尚農業，要求太平、穩定、安土重遷等；所以大陸文化偏向農業文化。海洋文化是「動」態的，在廣闊的海面，海水不斷的流動變化，看似天清海濤，自由浪漫，但氣候險惡，海洋瞬息萬變。因而形成比較寬容浪漫，混合強悍冒險，容易接受新事物的心理素質。

海洋文化與大陸文化，代表人類文明兩個不同的發展階段與發展水平。早先，人類只能在陸地從事生

產與生活。隨著生產力與技術水平的提高，人類開始
從陸地走向海洋，使陸地與陸地可經海洋而溝通，同
時促進航海與商品貿易的發展。所以海洋文化比較偏
向商業文化。

　　海洋文化的特性相對應於大陸文化的特性，兩者
比較，可歸納出以下的八點現象：

1. 生活區的重心：大陸族群生活的重心是在他們所
   居住的那塊土地，重視的是那土地上的各種資
   源，所有的競爭，也是爭那塊土地和它的資源，
   因而安土重遷，不能輕易遷移。人們的生活區受
   土地範圍的限制，與外界較為隔絕。海洋族群生
   活的重心在海洋。海洋是開放的空間，是無遠弗
   屆的環宇，給人通路，它的流動性，有利於族群
   間的交流。

2. 地理環境：大陸的地理環境是平原、高山、丘
   陵、沙漠、河谷和湖泊等。海洋的地理環境是海
   岸、海灣、沙丘、階地、潟湖和島嶼等。其中的
   島嶼分大小，小者在全球有不計其數的小島嶼。
   大者在島中有高山、丘陵、平原等地形，尤如陸
   地，如澳洲、紐西蘭、格陵蘭、英倫、台灣、海
   南等。然而，生活在其中的族群，基本上仍然是
   海洋性的生活方式為主。大小島嶼各具地理上的
   條件與資源，或有居民，或成無人島。

3. 聚落型式：大陸多是固定的聚落、莊園、城堡，

　　一般的聚落形式注重其防禦性。中國的城牆可早到四千年前，更早於西方的城堡建築。海洋族群在沿海的聚落，多是散村的格局，在中國從未出現如西方式的堅固海岸城堡。聚落中的建築，多是較為簡便的居屋，譬如苗傜族與南島語族的杆欄式居屋，或是流動性高的船屋。甚至於有一家人居住在一艘船上者，所謂「蜑民」，到近代仍然可見。

4. 生物資源：大陸多陸生的植物與動物，要看當地的地理位置與環境而異。海洋則是海生的植物與動物，也要看地理的位置與環境而異，尤其淺海或深海中的動植物差異更大。

5. 生業形態：大陸族群大部分地區首選農耕。但中國南北方的主食作物各異，北方為小麥、小米、高粱等；南方則以稻米等穀類作物為主。各地的副食均依賴畜牧、狩獵與湖河漁撈。海洋族群的首選是漁撈，依各時代的航海技術及漁撈範圍的遠近而有差異。又因食物鏈中澱粉質的需求，也會在岸邊的家園附近採食植物瓜果，或是做些園藝型的農耕。成熟的海洋文化也重視稻米等穀類耕作，如中國錢塘江諸古文化中，農業發展均成熟。

6. 社會結構：大陸族群是先由聚落擴張到鄉鎮、城市，再由多城市形成邦國。海洋族群是由聚落擴

張到鄉鎮，或是小型的酋長國。是否會發展到國家的組織，就要看是否能進入文明化的程度而定。

7. 交通工具：大陸族群在古時依賴車、船、馬、驟等。海洋族群則依賴航行於海上的船隻，以及航海技術。船隻的好壞與航海技術的發展程度，決定了他們在海上活動的遠近、範圍的大小，及其時日的長短。

8. 宗教信仰：大陸族群崇拜的主要是天神和土地神，以及由天地神所衍生而出的各種神祇。中國人宗教信仰中，最普遍的是土地神。天神雖然主宰了人們的命運，但「土地公」才是管理人世間的俗事。海洋族群的命運是由海神主宰。又由於在海上的夜晚是恐怖的，偶有的星辰和月亮的光芒，無法與燦爛的陽光相比，給予人間光明的永遠是在東方定時升起的太陽。海洋民族每日所期盼的就是那東方的太陽。然而，不論是在內陸或是海洋，中國的先民永遠崇拜祖先，以求庇護賜福。

由上述八項的比較可以看出，大陸族群的文化和海洋族群文化之間的差異相當大；顯示兩者之間求生存的空間與資源的應用，以及所引發的思想觀念和物質文化的發明，均依照各自需求的不同而發展。

二、海洋民族的特性

　　海洋的地理環境是氣象萬千，詭譎多變。生活在海洋的民族，其生業方式主要是靠漁撈，獲得物難於控制，生活多不穩定而危險。其生業依賴的生產工具，如造船、航海、天文、海洋氣象，需要發展高層次技術。信仰方面，海上生活要崇尚海神信仰，回到陸地仍然要祈求土地神的保佑。族群在海上交易也是他們生活文化的重要成分。綜合上述，[1] 海洋族群具有以下幾點特性：

1. 樂觀性：不論是海岸或是島嶼，成天面對一望無際的大海，海會給他們無限的希望，養成樂觀及熱情的胸襟。海洋會給他們豐富的資源，日常的生活顯得較悠閒，富有美感。因而，海洋文化中很早就有許多藝術創作，譬如浙江杭州灣跨湖橋、河姆渡文化中的太陽和鳥紋合成的圖案等；以及古器物中，玉器上多采多姿的圖案文飾的濫觴。

2. 冒險性：海洋民族的捕魚、採食海產、海神祭信仰等重要活動，皆依於海洋文化的發展。然而海洋也有它凶險的一面，氣象萬千，變化莫測，面

1　Chen, Chung-yu, 1998.

對海洋各種惡劣天候下風浪凶險的挑戰；隨時會遭遇阻力，要提升冒險精神，要加強自身的能力，勇於進取，生氣蓬勃地面對未知的將來。

3. 兩棲性：雖然海洋民族會經常在海上活動，但在岸上仍然要有固定的住所，只是在岸上的居所較為簡陋。因此，其生活居地往往具有海陸雙棲的性質，這情形至今在東南亞和南亞的沿海仍然多見。

4. 競爭性：海洋民族遊走於海上，主要是從事經商貿易。古時的貿易多是「以物易物」，以我的所有交換你的所無，在多族群之間造成競爭。中國沿海的海洋族群在史前時代的活動情況，雖然缺乏史籍可考，但可舉中國史前物質文化的精品——玉玦為例。這種玉器早在八千年前興隆窪文化中就已出現。杭州灣河姆渡文化三期的塔山遺址也發現過，此後它的分布很廣，從台灣、廣東到東南亞的菲律賓和越南一帶；年代更晚到 2,000B.P. 左右。至於它的器形，在台灣即已變化多端；東南亞出現的所謂 lingling-0 型更是特殊。在最近台灣的學者研究中，台灣玉材曾在菲律賓和越南的考古遺址中出土，均凸顯出古時貨物貿易中的競爭性。[2]

2　洪曉純，2009：259-262。

5. 多元性：透過航海之貨物貿易，將文化推到遠近各地，促成多方的文化交流，豐富了多元海洋文化的面貌，成為文化的傳播者，也豐富自身文化的多樣性。

6. 宗教驅動性：由於海洋環境的詭譎多變，生活其中的族群必然產生對海的恐懼和不安全感，在精神上就產生了某種宗教信仰，似乎冥冥中有個專門主宰海洋的神明，當須崇拜。每天在海上首先出現的太陽，會給予宇宙光明，太陽也應該是由神明來主宰，於是崇拜「太陽神」。先人們會應用自己的想像，繪出太陽神的圖像，就是吾人在考古遺址中，出土的許多各式各樣的太陽神圖案，這情形相當地普遍。例如浙江餘姚河姆渡文化與良渚文化玉器中的神鳥，鳥形做了誇張的變形，形象都不同於自然鳥，實質上它是太陽，而不盡然是鳥[3]（圖 2）。以上所敘述海洋民族的特性，僅是舉其大概而言。當然在眾多的海洋民族中，還有地區性的差異。

3　董楚平，2002：153-159。

圖 2　河姆渡遺址出土雙鳥朝陽牙雕[4]

三、海洋島嶼考古學

　　全球各地區的海洋，不論是陸地沿海岸邊或是島嶼，自古即存在許多活躍於海洋的族群。中國位在東亞大陸東側旁太平洋。海岸線長達 18,000 公里，並有台灣與海南兩大島，面積各為 36,000 與 33,000 平方公里，以及其他無數小島。所以中國本是個大陸與海洋兼有的國家。然而，綜觀中國各朝的史家修纂史籍，很少著墨於海洋史的著述和研究。這情形直到最近約一世紀以來開始有所變化。近年來海洋島嶼的文化發展史，已成為熱門的研究課題。

　　考古學是以調查、發掘等方法，從研究古代人類日常活動的遺物與遺跡等有形物質文化入手，為研究人類文化史的一個學門。然而，考古學的物件並不僅

4　浙江省文物考古研究所，2003。

是物質文化，而是要從觀察物質文化，進而引申研究
人文傳統習俗、社會結構、經濟發展、典章制度、宗
教信仰等的精神文化層面。本書所論述考古學的海洋
島嶼研究取向，空間範圍是鄰近海洋或島嶼相關地
區。在這樣的地理環境中，人類的生活方式、生業、
乃至聚落模式，自然會受到海洋的影響；因而連帶著
他們的社會組織、經濟政治結構和宗教信仰，與陸地
的平原、高地、河谷等的居民有所差異。現代中國考
古學已有百年以上的歷史，若以原先發展於中原地區
的方法論，予以論述具有 18,000 公里長海岸的海洋
島嶼地區，不無以偏蓋全之嫌。

　　研究島嶼考古學在方法上，必須具有以下的四點
認知，作為基礎：

1. 對於島嶼自然生態環境特性的認識。一座島嶼就
   是一個自然生態環境體系，即所謂自然生態系
   （ecosystem）。其中包括地形、土壤、礦產、河
   流、淡水和動植物等資源。島嶼的自然生態環境
   是多變的。大凡島嶼的位置、它與陸地或他島的
   相對位置、地質構造、海潮、風向、緯度、海域
   的深淺、島嶼本身面積、島中生物的多樣性、淡
   水資源等的因素，均是影響此島嶼的自然生態環
   境。

2. 在觀察島嶼自然環境時，要特別注意到古氣候的
   變化，尤其是氣溫所影響的海平面升降的時間和

高度；同時掌握住海蝕洞穴、海灣沙丘和溪流旁
的階地等三種關鍵地形，常是史前遺址的所在。
在島嶼上的史前居民為適應那特殊的環境，自然
有他們求生存的生業方式。他們以海生漁撈為
主，偶而也有小規模的農耕或是園藝型耕作。因
而，島嶼上史前遺址仍以定居型遺址為主，但也
有島民因有季節性的活動而形成的季節性遺址。

3. 海洋島嶼史前考古學研究的物件，當然是史前活
躍在海上的海洋族群和他們的海洋文化。在華南
至今仍有「蜑民」族群，在古時有南島語族的大
遷徙，吾人研究島嶼的史前考古學，更不能忽略
那些豐富的民族志材料。

4. 由於考古學研究往往先從物質文化著手，要定一
處或是多處遺址文化的內涵，使用「文化叢」
（Cultural Assemblage）的觀念，來研究中國東南
沿海的文化，將會有些困難。華南沿海新石器時
代的文化中，有幾種器物經常使考古學研究者感
到困擾。例如有段石錛最早出現在杭州灣河姆渡
文化中，有肩石斧在珠江三角洲最初出現，而這
兩種器物均出現在廣大的華南沿海地區，甚至台
灣的圓山遺址等地亦有所見。又如以卑南文化為
主的台灣史前玉器製作工藝，其器物分布普及於
台灣東海岸、西部台北盆地和南部高屏溪口到恆
春半島、蘭嶼、綠島、澎湖等外島；其技術源流

可能來自錢塘江流域的某史前文化[5]，但較少出現
在福建沿海。

　器物中的陶器是學者們作為劃分文化相比較敏感
的器物，在這一帶的分布情形更為錯綜複雜。在福
建、廣東沿海 7,000-4,000B.P. 的貝塚遺址中的陶器，
多繩紋、指甲紋、貝印紋、篦紋、劃紋等文飾，屬於
「復國墩文化」，福建考古學者稱「殼丘頭文化」。張
光直以宏觀的看法，認為均屬「大坌坑文化」，或是
一文化中的兩個類型，即大坌坑類型和復國墩類
型。[6] 安志敏和吳綿吉則認為是兩種不同的文化。[7]
楊式挺更將台、閩、粵、桂等沿海一帶的新石器時代
與較早的貝塚遺址與沙丘遺址，從陶器、石器等物質
文化作比較，所得的結論：「大坌坑文化」、「復國墩
文化」、「殼丘頭文化」與廣東、廣西沿海一帶上述
的遺址，均不是一個考古學文化，也不是一個文化的
不同類型。[8] 當然，由於地理位置、生態環境和漁獵
經濟生活等方面的相鄰和相似，必然是沿海一帶的原
始居民之間，有過某種文化交往的可能性。新石器時
代的晚期，大約在 5,000-2,000B.P.，出現灰黑色陶

5　陳仲玉，1998，Vol. I：336-349。

6　張光直，1987：8-10。

7　安志敏，1990：4-5；吳綿吉，1990：28-30。

8　楊式挺，1990：44。

器。張光直有見於此類陶器普遍地分布在中國沿海各地，於是首創「龍山形成期」理論。[9]

中國東南沿海在這一階段文化中，另有彩陶的出現。如深入探討各文化中陶器的各種特質，會發現其中的細節，相同者和相異者又各有不同。如果加上石玉器和其他質料不同的器物作各種文化的整體比較，研究者經常會發現，許多文化之間異中有同，同中又有異，明明關係密切，但又不能將之歸納成一個文化的現象。其原因是考古學的研究基礎在物質文化，而這一帶的海洋族群又是物質文化的傳播者；物質文化經過他們無系統又很自由地傳遞，擾亂了研究者所預設的文化規則，也使得華南沿海一帶古文化的系統和序列等問題至今仍難成定論[10]。由這種現象可知民族志的材料，在島嶼考古學研究時，是不可忽略的。

中國自古即有從事採集海洋資源為主，善於海上航行的族群，亦即西方人稱「海上船民」（Sea nomads 或 Sea Gypsies）。他們不是單一民族，而是活躍於沿海的所謂「蜑民」。史籍文獻的記載很多。其居地分散在長江中游以南，今湖北、湖南、江西、浙江、福建、廣東、廣西、海南諸省的百越族。居住在華南沿海的越族群中，主要是今浙江省南部的甌

9　Chang，1959。

10　陳仲玉，2004：40-41。

越，福建省的閩越和廣東、廣西兩省沿海的南越，以及海南省的黎族，他們都是越族的分支。凌純聲認為他們均屬於南島語族（Austronesian）。至今仍然生存於華南沿海的若干省分。自秦漢以後，由於華夏民族南遷，百越族大部分漢化，部分退居南洋群島，散布於印度洋和西南太平洋各地。[11] 由於蜑民與南島語族的關係密切，也是本書中的重要課題之一。

11　凌純聲，1970：226-227。

第三章

馬祖列島的考古學

一、馬祖列島的考古學研究

　　馬祖列島因位於大陸邊陲的海岸島嶼，且長期為
軍事管制區，故向來未被史學界重視，考古學調查研
究工作更是力有未逮。2000 年以前，馬祖地區有居
民的五座島嶼群從未曾有過考古遺址的紀錄。2001
年 6 月間，內政部委託中央研究院歷史語言研究所執
行「台閩地區考古遺址普查研究計畫」第六期。研究
計畫內容包括福建省金門與連江兩縣，在該項調查
中，連江縣部分即是在馬祖列島進行，這是馬祖地區
有考古遺址紀錄的開始。[1]

　　2001 年的普查工作發現史前遺址三處，歷史時
期的遺址五處。其中史前期的熾坪隴遺址於 2004 年
及 2005 年二次發掘與研究，其年代將馬祖列島的歷
史推早到約 6,000B.P.。[2] 2007 年，歷史時期蔡園裡遺
址的發掘，又將馬祖列島有歷史時期的證據提到晚
唐。[3] 2011 年，國軍舉辦登馬祖亮島 60 週年慶祝活
動。被邀貴賓前連江縣縣長楊綏生，在登上島的路
上，注意到「百勝港」路旁邊坡的斷面上，有貝塚遺

1　陳仲玉、劉益昌，2001。
2　陳仲玉、王花俤等，2004。
3　陳仲玉，2006。

留現象，遂通知作者。因而，邀集原在馬祖做過考古
田野工作的部分在地人士，登上亮島調查。經過地表
文物遺留與文化層現象觀察，初步判定該地點確是明
清時期的貝塚遺留，後來被命名為「百勝港遺址」。
另外在該島北端，接近「島尾」的一段路邊，也發現
貝塚遺留。從路邊斷面，找到史前時代陶片，以及人
類頭蓋骨三片。經初步判斷，應是一處很早的史前新
石器時代遺址。這處嗣後命名為「島尾 I 遺址」
（LDDW-I），[4] 所採得的貝殼標本，經過碳十四（C14）
定年，為距今 8,300-7,300 年。至於「百勝港遺址」
的年代為距今 590 + 40B.P.，則屬明清年間。同年 12
月 19-28 日，作者再組成馬祖亮島考古隊，登島調查
與發掘，又在島尾發現另三處史前遺址，是為「史前
亮島島尾遺址群」。該遺址已於 2021 年經內政部公
告為「亮島島尾國定考古遺址」，第 11 處國定考古
遺址。其中「島尾 I 遺址」（LDDW-I）與「島尾 II
遺址」（LDDW-II）經過三次發掘；碳十四年代為
8,300-7,500B.P.。

　　馬祖列島的考古學研究，也就是建立在東莒熾坪
隴遺址與亮島島尾遺址群二處，以及蔡園裡歷史時期
遺址，共四處遺址的田野發掘工作基礎上。自 2001
年首次馬祖列島考古遺址普查，至 2015 年亮島島尾

4　陳仲玉、王花俤等，2008。

遺址群的田野工作結束，前後僅 15 年。其實，真正
的田野發掘與研究工作僅 11 年。本書寫作的重點是
集中在史前部分。

二、熾坪隴遺址的文化

東莒島熾坪隴遺址的田野發掘，是首次揭開馬祖
列島的考古學研究工作的序幕。

(一) 熾坪隴遺址的發現

熾坪隴遺址是 2001 年，在馬祖列島有居民的四
鄉五島中做考古遺址普查時，所發現的三處史前遺址
之一。遺址位在東莒島的西側海邊，屬連江縣莒光鄉
大坪村。2001 年 2 月 24 日田野調查時，即看到這處
緩坡地。其時，該地已推平為農田，又是冬季乾旱季
節，地表沙土顯得潔淨。作者在農田邊的土堆中，發
現許多紅色細砂繩紋陶片，和一隻直徑約八釐米的陶
支腳，確定這是一處史前遺址。當時即詢問陪同調查
的一位當地朋友，這處地點的小地名，他說是「科蹄
灣」，因而遺址即以此命名。嗣後因遺址經過試掘，
並經媒體多次報導考古發現的消息，地方耆老向我們
反映所謂「科蹄灣」係指遺址下方的小海灣，但遺址
正確的地名是「熾坪隴」，因而改為現名。

(二) 熾坪隴遺址的出土物

1. 陶器

　　熾坪隴遺址的陶器雖是以細砂繩紋紅陶為最大宗，其中的砂粒有稍粗者，亦出現紅衣灰胎陶和極少的泥質紅陶，火候不高，多手製，部分器物口沿經慢輪修整。出現眾多的繩紋紅陶陶支腳，形狀有象足喇叭形中空和實心兩種。陶器中直頸圓底罐和壺、陶紡輪以扁平算珠形為多（圖 3）。陶器的文飾中，繩紋占多數，並且繩索的粗細有每釐米 2-3 股之粗至極細的 6.5 股，但普遍是 4-5 股，即是自粗至極細均有。與這層文化相當的陶片尚有刺紋與指甲印紋等物，足見此遺址為文化的早期階段。陶片中亦出現灰色硬陶，其花紋有方格印紋、雲雷紋、拍印條紋和雙線平行刻劃紋，均為較晚的階段。一片方格印紋硬陶上兼

圖 3　熾坪隴遺址陶器紋飾與器形[5]

有黑色線條彩繪，似乎是這遺址最晚的器物，但極少出現（圖 4）。[6]

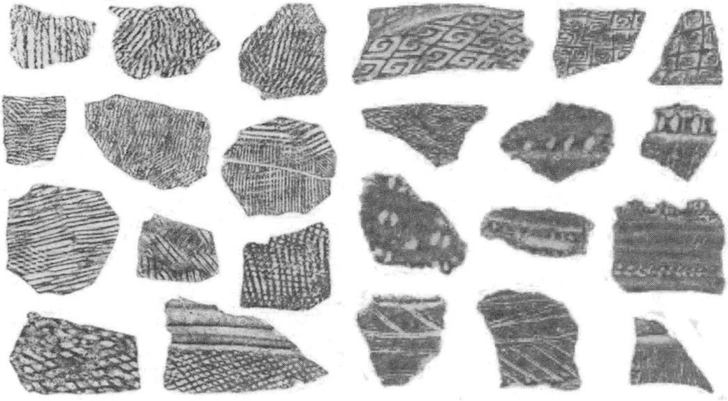

圖 4　熾坪隴遺址出土陶片文飾拓片

2. 石器：熾坪隴遺址的石器群中，磨製與打製兼具。
   (1) 小型刮削器，均是打製石器，多為流紋岩材質。器型不定，但有鋒利的刃部，很類似舊石器時代的遺風（圖 5）。
   (2) 該型石器少見於福建沿海，但在廣東、廣西沿海，考古學者們稱「蠔蠣啄」則為多見（圖 6）。
   (3) 磨製石錛：多為長方形扁平狀，偏鋒斜刃。

5　游桂香，2005：340。

6　陳存洗，1987：158。

多是有段石錛（圖7）。

(4) 磨製石矛頭與石鏃：四件均為殘件，梃部帶
　　穿孔（圖8）。

圖5　熾坪隴遺址小型刮削器

圖6　熾坪隴遺址尖狀器

圖7　熾坪隴遺址石錛

圖8　熾坪隴遺址石矛頭與石鏃

　　同時出土的，還有許多魚類骨質器物與貝殼。貝殼經中央研究院動物研究所研究員巫文隆鑒定，有 9 屬 11 種，類似馬祖列島沿海現生貝類。熾坪隴遺址的下層文化，碳十四年代 6,000-5,500B.P.，相當於福建沿海的殼丘頭下層文化至曇石山下層文化的階段。熾坪隴遺址的上層文化碳十四年代 4,000-3,500B.P.，則與曇石山中層文化類型，甚至黃土崙文化期亦有關聯。由於熾坪隴遺址的文化層堆積不厚，年代又跨越 3,500 年，初步推測古時先民均是短暫的居留，當是此類島嶼海洋文化的普遍現象。有關熾坪隴遺址的文化，留待後文與亮島島尾遺址群文化，以及馬祖列島周邊的史前遺址再討論。

三、亮島島尾遺址群的文化

　　亮島島尾遺址群的發現與發掘（圖 9），尤其是發掘中兩具「亮島人」骨骸的出土，使得此處遺址在馬祖列島的考古研究中，占了很重要的地位。

圖 9　亮島百勝港遺址與島尾遺址群分布圖

(一) 亮島島尾 I、II 遺址的發掘

　　亮島島尾 I 遺址（LDDW-I）位在該島北端「島尾」，中央道路──「擎天路」一段路邊，接近「亮島靶場」的西北側約 10 公尺處；路旁斷面，可見明顯的貝丘堆積。貝丘層高於現有道路約 2 公尺，最厚處約 50 公分。當初開鑿戰備道路時，貝丘遭攔腰切過，大半部貝丘被剷除，現僅存北側約 1-3 公尺寬，30 公尺長的小丘上，小丘表面亦可見貝殼與陶片。

貝丘的西北側為懸崖。

　　亮島島尾 I 遺址於 2011 年 12 月至 2012 年 11 月間，經過三次發掘。由於遺址所餘面積有限，僅是小規模的發掘。亮島島尾 II 遺址亦於 2012 年 11 月間發掘，開三個坑（TP1-TP3）。島尾 I 遺址有上下兩文化層的現象，島尾 II 遺址僅屬上文化層。

(二) 島尾 I 遺址的出土物有陶器、石器、骨質器物與貝殼等 4 大項。

1. 陶器：島尾 I 遺址出土單件登錄的陶片有 2,086 件。出土陶片的質地以夾砂陶為主，其中以夾中砂（1-3mm）者居多；另有出土少數近似泥質的陶片。陶片表面 10YR6/3-7/4）[7] 數量最多，約 83％，是島尾 I 遺址陶片的主流色彩。陶器的製作方法，推測主要使用泥條盤築法制作胚體，再以手捏與慢輪進行修整。在器型上，顏色為黃褐／黃橙色系（10YR4/3-5/4，因未曾發現可以辨識出完整器形之器，可能包含有「罐形器」、「缽形器」與「杯形器」等幾種。此外，也出土圈足與鈕，可知器形上除了可能有平底、圓底之外尚有圈足，但無三足器；口緣或器身上亦會有鈕。陶器如依照「施加紋飾的手法」與「圖案模式」進

7　參照小山正忠、竹原秀雄，2004，《標準土色帖》。

行階層式分類。包含單一手法的刻劃、壓印、附
加堆紋、塗紅、鏤孔與附加片弦紋，以及使用兩
種以上手法的複合紋飾；其中以壓印紋為主（圖
10），其次為塗紅，陶片多為細小碎片，第三多
者為附加堆紋。壓印紋中的貝印紋與指甲紋，如
以中國東南沿海多個遺址的出土物情況來看，應
是屬於新石器石時代較早期的裝飾風格。出土一
些「特殊紋飾」陶片，如篦劃紋、壓印く字紋、
附加堆紋（圖11）、凸弦紋、鏤孔等，皆少見於
亮島周圍地區的其他遺址。對於討論本遺址與周
邊考古文化之類緣關係而言是相當重要的特徵。

2. 石器：島尾 I 遺址出土的石質遺物以花崗岩為主
   要石材，大多數出土石器器身上的製作與使用痕
   跡皆較不顯著，只能將之視為「疑似器型」。另

 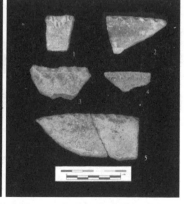

圖 10　島尾 I 遺址刻劃壓印紋　　圖 11　島尾 I 遺址附加堆紋

有部分石質遺物的質地為砂岩、變質砂岩、灰泥
岩、石英或是不明石材。石器主要以尖狀器、石
錘與石片器為主，另有少數砥石、邊刃器、錛形
器出土。尖狀器質地以花崗岩為主，外觀主要為
三角錐或四角錐狀（圖 12），大部分為殘件，且
以前端折失者多。石錘多係直接利用長橢圓礫
石，大小通常為單手可握持，使用痕多集中於卵
圓礫長軸但部分痕跡不顯著（圖 15），可能與使
用頻率或石材質地有關。石片器以小型石片器為
主，但有出土 1 件大型石片器；質地多為花崗
岩；整器使用痕跡多不顯著，殘器則有較明顯之
使用痕跡。砥石無特定外形，但大多為長扁形石
塊，器表帶有一面以上之光滑平整磨面；質地有
花崗岩、砂岩與灰泥岩等。邊刃器質地以砂岩為

圖 12　島尾 I 遺址尖狀器　圖 13　島尾 I 遺址砍砸器與石塊

圖 14　島尾 I 遺址不定形邊刃器　　圖 15　島尾 I 遺址石錘

主，刃邊上的使用痕跡多不顯著（圖 14）。

　　斧形器以花崗岩為主要石材，均為打製，且多為殘件。遺址中出土唯一的磨製石器，是石錛殘件；僅餘石錛首端一角，顯示此遺址的人群已經具有磨製石器的技術，是亮島文化上層的器物。使用痕跡皆不顯著，但砍砸器上多帶有打剝痕跡。在石器之外，出土遺物中還有非明顯石器但帶有人為加工使用痕的石質疑似物，包括石核、石材與石礫等。

　　除了上述幾種主要器物類型組合外，在發掘中尚有出土砍砸器 4 件；另外還有不帶人為痕跡的角礫岩塊（圖 13）與圓礫。這些遺物雖非精美的石器，卻能提供史前人群在製作石器時的選材、工序、技巧等資訊，對於未來深入研究此遺址先民的行為當有所幫助。

3. 骨器與骨質遺物：從骨質的結構可以將出土遺物

區分為魚類、禽類與哺乳等 3 種。此外，依照骨
骼的部位可再細分為塊狀碎骨、長骨破片、鰭
條、脊椎骨、頭骨破片與牙齒等。其中以魚類骨
居多，其次為小型哺乳類等骨，最後才是禽類
骨。魚類骨的部位中，以塊狀碎骨最多，其次為
鰭條與脊椎骨；小型哺乳類等骨的部位亦以塊狀
碎骨最多，長骨破片次之。包含鯛科、海鯰科、
帶魚科、真鯊科（真鯊屬）、魟科、隆頭魚科、
石首魚科、海豚科、龜鱉目、豬科、鹿科、鼠科
等 12 個科別；其中部分可區辨至「種」的階層，
如斑海鯰種、白帶魚種、紅頸擬隆頭魚種、藍豬
齒魚種與大頭白姑魚種。

　　骨質遺物中有 282 件表面帶有人為加工痕跡，占
全部骨質遺物數的 2.24%。人為加工的手法初步區分
為砍切痕、鋸痕、削痕、磨痕、鑽痕、鋸崩痕、刻劃
痕等 7 種，另有許多帶火燒後的焦黑痕。單一加工手
法中以「磋磨」居多，其次為砍、切、鋸手法的使
用；複合加工手法中則以「砍切、鋸與磋磨」並用的
骨器數量最多，「磋磨與鋸崩」並用者次之。加工的
骨材以哺乳類等的骨骼為主，魚類骨次之；其中又以
哺乳類等塊狀碎骨和長骨破片為主要取材部位，第三
多者為魚類脊椎骨；其餘部位的數量皆較少。帶加工
痕的遺物共計分為魚叉、箭鏃、首、骨鑿（圖 18）、
骨刀、尖狀器、骨珠、骨飾、不明與骨料等 10 種類

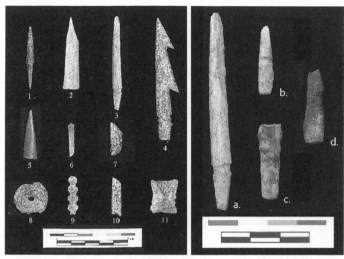

圖 16　亮島 I 遺址各種類骨器　　圖 17　亮島 I 遺址骨錐與魚叉首部

型；其中有多件遺物為本遺址中首見的器型與加工精細、保存狀況完好的骨器（圖 16）。自 TP3N 探坑出

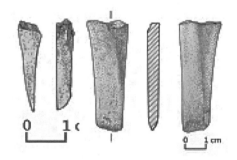

圖 18　亮島 I 遺址骨刀（左）、骨鑿（右）

土一件完整的骨質魚叉（魚鏢，圖 16；4），甚是難得，同時也確認了另外 10 件原登記為刻槽骨首是同類之物（圖 17）。

　　除了上述骨器之外，島尾I遺址是一處貝塚類型
遺址，文化層中含有大量的貝類遺留。遺址計畫發掘
時，即將篩網孔目縮小，同時放寬收取遺留物的標
準，以保留更為豐富、完整的貝類材料。此遺址各個
探坑出土貝類的堆積層位元高度顯示，遺址的貝丘層
堆積走向大部分呈近水準的情況，但愈向西南側崖邊
則向下傾斜。三個探坑貝類遺留的堆積密度則大致相
當，顯示貝殼層堆積未曾受擾。此外，第二號墓葬並
未發現明顯壙穴，人骨周遭的貝類堆積密度與其他相
同深度的層位相較亦未見明顯差異；顯示出此一墓葬
可能不是翻挖貝塚後再將人體埋入，而是隨著貝類等
遺棄物一起堆埋而形成今日所見之貝塚。

　　在島尾I遺址的出土貝類遺留中，若以「數量」
比例觀察，應該係以殼菜蛤科的數量最多，其次為笠
螺科，第三為（鵝頸）藤壺科。除了前述的3個主要
種屬，骨螺科、鐘螺科、牡蠣科、蝸牛科等貝種也有
一定的出土數量；另外還有少數的蛇螺科、簾蛤科、
魁蛤科、蠑螺科、芋螺科等貝類（圖19）。

　　豐富的貝類種屬組合，反應了島尾I遺址的史前
先民對貝類的利用是多元化，而非單一物種。而由
TP3各層出土各種貝類的重量統計結果可以發現，島
尾I遺址的史前人群在不同種屬貝類的取用組合上，
可能沒有隨時間產生明顯變化。此外，發掘出土的貝
類多為可食用的品種，且部分至今仍為馬祖地區的桌

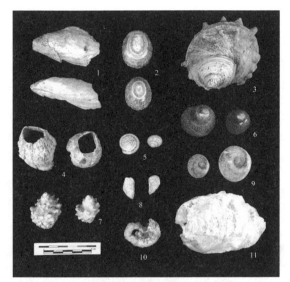

圖 19　島尾 I 遺址各種類貝類遺留

上佳餚。這些貝類遺留，除了有助於我們了解史前人群的飲食內容外，對於認識地區的古今環境也會有很大的幫助。在島尾 I 遺址發掘出土大量的貝類遺留。研究團隊正透過這些豐富的生態遺留，對該遺址的史前環境、氣候、生態，以及史前人群的行為等方面有更多的研究和認識。

(三) 島尾 II 遺址的出土物，亦如島尾 I 遺址的出土物有陶器、石器、骨質器物與貝殼等 4 大項。

1. 陶器：島尾 II 遺址出土的陶片質地以夾砂陶為主，其中以夾中砂（1-3mm）者居多；另有出土

少數近似泥質陶與近代硬陶。陶片表面顏色以赤
褐色系（5YR 4/6-5/6）數量最多，其次為橙色系
（5YR 6/6-6/8、7.5YR 6/6-6/8）。陶器的製作方法
主要使用泥條盤築法製作胚體，之後再以手捏與
慢輪進行修整。在器形上，由於缺乏完整器形與
特殊部位遺物的出土，目前僅能從口緣形制推測
應該以「罐形器」為主。此器與特殊部位遺物的
出土，目前僅能從口緣形制推測應該以「罐形器」
為主。此外，出土少數把手。

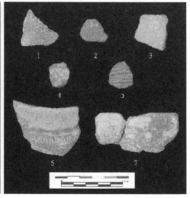

圖 20　島尾 II 遺址壓印紋　　圖 21　島尾 II 遺址刻劃紋與印
　　　　　　　　　　　　　　　　　　紋陶片

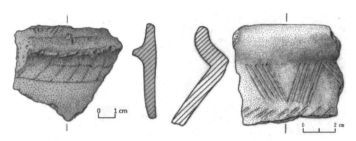

圖 22　島尾 II 遺址刻劃加堆雕紋（左）、壓印紋（右）

　　陶器紋飾如依照「施加紋飾的手法」與「圖案模式」進行階層式分類。包括單一手法的刻劃（圖21）、壓印（圖 20，圖 22 右）、附加堆紋、塗紅與弦紋，以及使用兩種以上手法的複合紋飾（圖 22左）。根據統計的結果，島尾 II 遺址的單一施紋手法中以壓印紋為主，其次為刻劃紋，第三多者為弦紋。然而，壓印紋陶片多為細小碎片，總數量較多；其紋飾圖案組合最豐富多變。其中「貝印紋」較中國東南沿海諸新石器早期遺址出土物為多，使亮島島尾遺址群除了年代學之外，多一項可推測其為新石器早期文化的證據。出土物中某些「特殊紋飾」陶片，如箆劃紋、刻劃葉脈紋、刻劃 S 形紋、刻劃 C 形紋、壓印ㄑ字紋、附加堆紋、凸弦紋等，皆少見於亮島周圍地區的其他遺址。對於討論遺址的文化屬性問題上，提供許多可參考的依據。

2. 石器：島尾 II 遺址出土的石質遺物，以花崗岩為

主要石材。多數出土石器製作與使用的痕跡皆較
不顯著，只能將之視為「疑似器型」。另有部分
石質遺物的質地為砂岩、變質砂岩、安山岩或是
不明石材。石器以石錘、尖狀器與石片器為主。
石錘多係直接利用大小適中的圓礫，通常為單手
可握持為度。使用痕多集中於卵圓礫長軸端點，
但部分痕跡不顯著，可能與使用頻率或石頭質地
有關。尖狀器包含有三角錐狀的尖狀器、尖狀石
塊與水滴狀的蠔蠣啄。蠔蠣啄僅出土 4 件，其外
觀與東莒熾坪隴遺址及中國東南沿海遺址出土之
蠔蠣啄相似（圖 23），應屬亮島上文化層的器
物，可為後續的研究提供探討的資料。出土物中
另有不規則的尖狀器和尖狀石片器多為小石塊，
質地以花崗岩為主，大部分為殘件，且以前端折

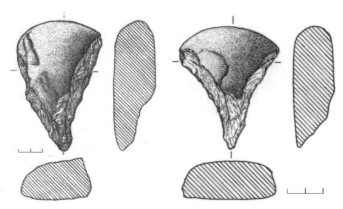

圖 23　島尾 II 遺址二件尖狀石器（蠔蠣啄）

失者多。石片器，質地亦以花崗岩和砂岩為主，
但使用痕跡多不顯。除了上述三種主要器物類
型，遺址中尚有出土斧形器與箭鏃各 1 件，另有
4 件砍砸器與 6 件疑似未完成磨製的石錛雛胚（圖
24）。

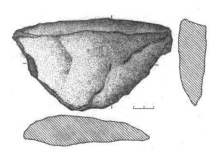

圖 24　島尾 II 遺址砍砸器

　　在石器之外，出土遺物中還有疑似帶有人為加工
使用痕的石質遺物，包括石核、石胚、石塊、石廢
料、石材與石片等，以及還有不帶人為痕跡的圓礫。
這些遺物雖然是非可辨識的石器，卻能提供史前先民
在製作石器時的選材、工序、技巧等訊息，例如由石
核不同的外觀可以推測，島尾 II 遺址的人群可能擁
有一種以上的石器製作技術，因而會產生不同形狀的
石核遺留。此外，透過實驗考古學或其他相關研究資
料，可以利用石核的形狀和器身遺物下石片器的打擊
痕跡，了解過去人群製作石器的方法與工序技巧。這

些資訊，對於未來深入研究此遺址先民的作為提供了
參考。

3. 骨器：島尾 II 遺址共計出土 1,607.14 公克骨質遺
物。從骨質的結構可將出土遺物區分為魚類、禽
類與小型哺乳類等 3 種物種。此外，依照骨骼的
部位可再細分為塊狀碎骨、長骨破片、鰭條、脊
椎骨、頭骨破片與牙齒等多種部位。出土骨質遺
物的總數量與總重量來看，以魚類骨居多，其次
為小型哺乳類等骨，第三是禽類骨；另有部分無
法分辨者暫歸為不明一類。魚類骨的部位以塊狀
碎骨與鰭條為主，脊椎骨與牙齒次之；小型哺乳
類等骨的部位以塊狀碎骨最多，長骨破片次之。

　　發掘的三個探坑設置位置分別處於貝塚中心與邊
緣地帶，故出土骨質遺物的情況有較大的差異性。出
土遺物的數量以 TP1 為最多，TP3 次之；但是在重
量上則相反，以 TP3 較重。TP2 出土遺物中未見骨
質遺物，反映了該坑位已經處於遺址範圍邊緣的情
況。出土骨質遺物初步種屬辨識：共可辨認出鯛科、
海鯰科、帶魚科、真鯊科、魟科、海豚科、老鼠、鱟
科等 8 個科別物種，另有海膽綱一種。其中部分遺物
可辨認至「種」的階層，如斑海鯰種、白帶魚種與藍
豬齒魚種。出土骨質遺物中有 63 件表面帶有人為加
工痕跡（圖 25），占全部骨質遺物件數的 3.94%。加
工的手法，初步區分為砍切痕、鋸痕、削痕、磨痕、

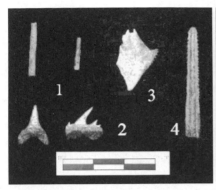 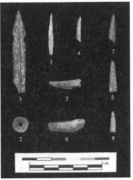

圖 25　島尾 II 遺址出土骨質樣本　圖 26　島尾 II 遺址各
　　　　　　　　　　　　　　　　　　　　　　式骨器

鑽痕、鋸崩痕等 6 種，另有許多帶火燒後的焦黑痕。
單一加工手法中以「磋磨」居多，其次為鑽孔手法。
複合加工手法中以「磋磨與鑽孔」並用的骨器數量最
多，「砍切、磋磨與鑽孔」並用者次之；此一結果可
能與出土較多骨珠有關。加工骨材以魚類骨為主，小
型哺乳類等骨骼次之；其中又以魚類脊椎骨與哺乳類
等塊狀碎骨為主要取材部位。帶加工痕的遺物可分為
骨鑿、骨針、骨椎、骨刀、骨珠與骨料等 6 種（圖
26）；此遺址出土的骨珠多為加工痕跡明顯、保存狀
況良好的完整器物。

4. 貝質遺留：亮島島尾 II 遺址的 TP1 與 TP3 也是貝
　塚現象，為廢棄物之堆區，因而文化層中含有大
　量的貝類遺留。TP2 未見大量貝類出土，僅有淺
　薄陶片堆積層，雖有局部現代擾動跡象，但仍可

視為史前人的活動區域，但已是處於邊緣。在島尾 II 遺址的出土貝類中，可見的若干現象：其一，遺址中貝類的種屬多樣，至少包含了 13 個不同的科別，顯示出亮島史前人群對於貝類的利用是多樣化而非單一的。其二，這些貝類多為可食用性，且大多數至今也仍是馬祖地區人們重要的桌上佳餚，顯示同一地區的資源可持續地傳承發展，而古今人群對於當地資源的利用。

島尾 II 遺址出土貝類種屬雖然多樣，但從牠們的棲息環境，仍可以發現具有高度的相似性；主要是分布在潮間帶至淺海岩礁地區，少數棲息於潮下帶淺海地區或海底。這樣的環境條件除了與亮島周邊地理環境相符合，同時也可以反映出亮島史前人群採集貝類的策略的方式。再配合此遺址中出土的尖狀石器如「蠔蠣啄」、石片器，可以合理推測史前人群可能使用尖狀石器將附著於礁岩上的貝類撬下，並以石片器切割取肉食用。

目前僅對貝類進行初步的種屬分類與出土數量統計。有關貝類研究還有許多，例如透過貝類以分析當時的海水溫度、海平面高度、水域環境等，藉此認識當時與今日的環境是否存在差異性、史前人群貝類採集的活動季節、是否在特定時間採集特定貝種等課題都有待未來進一步的研究與探討。

(四) 島尾 I、II 遺址出土物內涵的異同

島尾 I、II 兩遺址皆出土大量的史前遺物，對於我們認識亮島史前先民的文化屬性有很大的說明。島尾 I 與島尾 II 遺址雖然相距不遠，但出土物的內涵卻有異同之處。以下分別就兩處遺址出土的陶質、石質、骨質與貝質等遺物類型進行討論。

1. 陶器的異同：

島尾 I 遺址出土陶片的質地兩個遺址皆係以夾中砂陶為主，但島尾 II 遺址夾粗砂陶的比例較高，幾乎與夾細砂者相同數量；相對於此，島尾 I 遺址出土的夾粗砂陶數量較少。陶片表面顏色，島尾 I 遺址以黃褐／黃橙色系為主，島尾 II 遺址以赤褐色系為主，橙色系次之。器形方面，相對於島尾 I 遺址出土較多特殊部位碎片，可推測器形較為複雜；而島尾 II 遺址僅能推測有如罐形器等少數器形。兩處遺址的陶片施紋手法皆以壓印紋為主；島尾 I 遺址次多為紅色彩繪，第三多為附加堆紋；島尾 II 遺址以刻劃紋次之，第三多為弦紋。此外，兩處遺址出土豐富多樣的陶片紋飾，圖案上有許多相同與差異之處。其中幾項「特殊紋飾」，如貝印紋、篦劃紋、壓印く字紋、附加堆紋、凸弦紋、鏤孔等，皆少見於亮島周圍地區的其他遺址。相信未來討論遺址的古文化屬性議題時，能提供許多參考的依據。

2. 石器的異同：

　　兩個遺址出土的石質遺物皆以花崗岩為主要石材，因而石器的製作與使用痕跡較不顯著。另有部分質地為砂岩、變質砂岩、灰泥岩、石英與安山岩。除了花崗岩，其他石材可能是史前人群自島外攜入，或是在亮島的礫灘上撿拾的。鄰近的福建沿海地區遺址中也可以見到相同的石材。兩處遺址的石器器形皆很不定。依照出土數量，島尾 I、II 遺址的石器組合模式皆以尖狀器、石錘與石片器三類為主。而島尾 II 遺址出土的「蠔蠣啄」（水滴狀尖狀器）製作精細，與其他石器有著明顯的差異。此一器形與東莒熾坪隴遺址出土的遺物相同[8]，也可見於中國東南沿海的部分新石器時代遺址中。

3. 骨器的異同：

　　兩處遺址出土的骨質遺留物的種類相似，若由骨質結構進行區辨，可以粗分為魚類、禽類與哺乳類等種類；如果依照骨頭部位的不同又可再細分多樣。出土物種中，兩處遺址皆以魚類骨為大宗，其次為哺乳類，最後為禽類。此一結果反映了亮島的海洋環境，以及史前人群對海洋資源的頻繁利用活動。

　　出土骨質遺留的初步種屬比對結果顯示，兩處遺址的物種大致相當，包含鯛科、海鯰科、帶魚科、真

8　王花俤，2005：358，圖 3：1。

鯊科（真鯊屬）、魟科、海豚科、鼠科等；島尾 I 遺
址尚有發現隆頭魚科、石首魚科、豬科、鹿科與龜鱉
目；島尾 II 遺址則另發現有鶯科與海膽綱。部分遺
留更可藉由特徵區辨至「種」的階層。透過可辨識的
這些物種，有助於我們了解亮島史前人群生活環境、
採食方式等面向的資訊。

　　兩處遺址的骨質遺物加工手法大致相同，皆以
「磋磨」居多；島尾 I 遺址單一加工手法以「砍切鋸」
次之；複合手法則以「砍切、鋸與磋磨」並用為主，
「磋磨與鋸崩」次之。島尾 II 遺址單一手法中以「鑽
孔」次之；複合手法以「磋磨與鑽孔」為多，「砍切、
磋磨與鑽孔」次之。以加工的骨材來看，島尾 I 遺址
以非禽類的骨骼為主，魚類骨骼次之；島尾 II 遺址
以魚類骨為主，哺乳類等次之。兩處遺址皆出土許多
骨器，包含較常見的箭鏃、骨針、骨椎、骨尖狀器、
骨珠等器形；另有部分少見器形，如骨刀、骨鑿。本
次發掘中，島尾 I 遺址出土了 1 件完整且加工細緻的
骨制魚叉，為亮島遺址群中首見，也為史前人群的海
洋活動提供了更明確的線索。此外，島尾 I 遺址還出
土多件「刻槽骨首」，其功能雖然尚不清楚，至目前
為止也未於周邊其他遺址中見到相似的遺物。

4. 貝質遺留：

　　在貝類種屬的組合方面，島尾 I 遺址以殼菜蛤
科、骨螺科、笠螺科與鐘螺科 4 種為主。島尾 II 遺

址則有兩種不同組合模式：TP1 以殼菜蛤科、骨螺科
與牡蠣科為主，TP3 則以殼菜蛤科、蝸牛科與骨螺科
為主。然而，兩種組合模式皆與島尾 I 遺址有所差
異。造成兩處遺址貝類組合差異的原因，究竟是自然
環境隨時代產生的變遷？或是原產量的變異？或是人
群對食材的偏好不同？採集技術的差異？仍有待更多
深入研究。

四、出土物的觀察與分析

物質文化一向被認為是定義「考古學文化」的重
要成分之一。謹將馬祖列島三處遺址出土物做了觀察
與分析。器物中的陶器，更是文化遺存重要的標誌
物。因而，先從陶器開始，之後及於石器、骨器、貝
殼等。

(一) 亮島島尾 I、II 遺址陶器分析

亮島島尾遺址群試掘出土陶器的數量不多，保存
狀況亦不理想，完全未見可辨識完整器型的陶器，僅
透過少數口緣的殘件認識到有常見的罐形器與缽形
器。主要因素為發掘面積小，出土陶器數量不多，貝
丘中的陶器亦可能原來就是破損遭棄用之物品，完整
度不佳，陶器本身的燒成溫度較低，陶器的埋藏環境

為密集大量的貝殼、獸骨，礫石的壓迭亦造成陶器嚴重破碎而難以辨識可能的器型組合。

　　另一方面，濱海貝丘環境中的大量碳酸鹽類沉積物附著於陶器表面，也影響了部分陶器器表文飾的觀察。因此，本研究暫時無法針對陶器的完整器形與組合進行復原，而將陶器研究的方向著重於製作技術、紋飾、胎土三個方面進行。製作技術與紋飾主要透過肉眼觀察進行，胎土除了肉眼觀察外，亦送出標本進行切片等科學分析。並藉由鄰近地區考古遺址與文化的回顧，從陶器技術與風格理解亮島人群與周圍地區的關係。

1. 亮島島尾 I 遺址陶器製作技術

　　亮島島尾 I 遺址出土陶片。以黃褐色、黃橙色為主，其餘顏色有橙色、灰色、褐色。質地絕大多數是夾砂陶，及少數的泥質陶。夾砂陶的

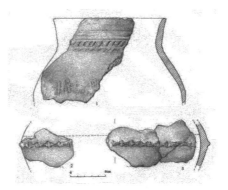

圖 27　島尾 I 遺址出土的陶罐形器殘片

夾砂粒徑普遍為 1-3 毫米。由殘存的口緣部位判斷，器型應有罐（圖 27）、缽與杯，僅發現中小型敞口罐。缺乏陶器底部陶片，無法了解容器底部造形。1

件穿孔圈足，1 件帶紐腹片，說明少量的圈足器與帶紐容器的存在。

　　陶容器的成形技術推測以泥條或泥片接築手捏成形。陶片上發現規律抹擦細痕，可能修飾陶容器時具備人工旋轉動能。裝飾形塑技術包含塗彩、施紋與堆加泥條。陶片上偶見複合紋飾。塗彩的陶片皆為紅彩全面塗抹使陶器表面細緻光滑，而紅彩紋樣僅發現線條紋路。施紋的技術包含拍印、壓印、刻劃、戳點、捏壓（突脊）。施紋部位，口頸部與腹部大致數量均等。以繩紋及線條印紋為主要的紋飾樣式。其餘紋樣有箆劃紋、各種線劃紋，貝齒印紋、指甲印紋、「く」形印紋、菱花印紋、半月印紋、唇口壓印凹紋，戳點與捏壓凸起（突脊）的紋路。堆加泥條裝飾有波折紋路、曲折紋路與豆狀紋路，也發現在曲折突起的泥條上施以壓印紋路（圖 28）。

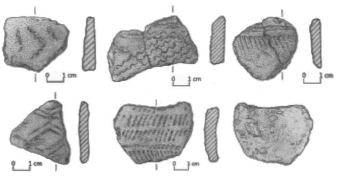

圖 28　島尾 I 遺址出土陶片文飾

2. 亮島島尾 II 遺址陶器製作技術

亮島島尾 II 遺址以紅褐色、橙色與褐色為主，其餘顏色包含灰黑色與淺黃色。質地絕大部分為夾砂陶，僅有極少數的泥質陶。器型以罐為主，僅發現中小型敞口罐。成形技術與亮島島尾 I 遺址大致相同。可能以泥條或泥片接築，手捏成形。陶片大部分是素面（68%），其餘裝飾形塑技術包含塗彩、施紋與堆加泥條。施紋的技術包含拍印、壓印、刻劃、戳點、捏壓（突脊）。施紋部位，大部分施於腹部（紋飾陶的 80%），少數施於口頸部。以繩紋及線條印紋為主要的紋飾樣式。其餘紋樣有篦劃紋、「C」形劃紋、「S」形劃紋、各種線劃紋，貝齒印紋、波浪印紋、折線印紋、「＜」形印紋，戳點與捏壓凸起（突脊、凸弦紋）一道或兩道的紋路。

(二) 熾坪隴遺址陶器技術

陶器質地以夾砂陶為主，尚有少量的泥質陶。顏色以紅色為主，灰色次之，少量的橙黃色、白色、黑色。器型有罐、甗、豆、杯、平底盆、匙形器、器座與支腳。底足形態有圜底、圜凹底較多，部分的平底與少量的矮圈足底。把有單側帶狀豎把，把上具有刻劃紋。成形技術除了泥條與泥片手捏築外，泥質灰硬陶為輪製成形。

文飾陶與素面陶數量比例相當，裝飾形塑技術見

有塗彩、施紋。塗彩有全面塗抹紅彩或褐色彩，以及
黑彩線紋、三角線紋。施紋技術見有拍印、壓印、刻
劃、戳印與捏壓。紋飾以壓印或拍印的繩紋為主，亦
見有條印紋、方格印紋，紋有弦紋、斜劃紋。戳點紋
包含圓點與短條戳點。部分陶腹片與口部捏壓一道道
突脊，少數突脊施以按壓紋。熾坪隴遺址的年代雖較
亮島島尾遺址群較晚，陶器的硬度高，但仍可以見到
部分的陶器紋飾仍不脫區域風格的延續，例如貝齒印
紋、指甲印紋、刻劃紋、戳點紋，也見於亮島島尾遺
址群之中。

　　綜合亮島島尾 I、II 遺址及熾坪隴遺址的陶器，
就製法、材質、器形、顏色與文飾五項之異同，列表
如下：

表 1　亮島島尾 I、II 遺址及熾坪隴遺址的陶器 5 項比較

遺址	亮島 I	亮島 II	熾坪隴早期	熾坪隴晚期
製法	泥條盤築、手捏、慢輪修整	泥條盤築、手捏、慢輪修整	器形手捏、口沿、慢輪修整	不明（因出土物均為碎片）

遺址	亮島 I	亮島 II	熾坪隴早期	熾坪隴晚期
材質	夾砂，多1-3mm 細-中砂	夾砂，多1-3mm 細-中砂，泥質	灰砂	灰砂、泥質硬陶
器形	罐、缽、帶圈足、器紐	多罐狀器，少數帶器紐	直頸圓底罐、紡輪、陶支腳	無具形物件
顏色	黃褐多／黃橙（83%）、塗紅	赤褐最多，橙色系其次、塗紅	紅色系，亦出紅衣胎身	紅色系、灰色、紅黑、黑紅彩繪
文飾	篦劃紋、凸玄紋、指甲紋、人字紋；嶁空、附加堆文、塗紅等手法，或兩種以上複合手法	篦劃紋、葉脈紋、S 形紋、C 形紋、人字紋、附加堆文、刻劃凸紋、貝印紋等手法	多繩紋、少為刺紋、指甲紋等	方格印紋、雲雷紋、拍印條紋、雙線平行刻畫紋

遺址	亮島 I	亮島 II	熾坪隴早期	熾坪隴晚期
備註	文飾製作手法，未見於附近地區	文飾製作手法，未見於附近地區		

(三) 亮島島尾 I、II 遺址石器與骨角器分析

1. 石器分析

　　亮島島尾 I 遺址出土石器以花崗岩為主要石材，因此多數石器製作與使用痕跡皆較不顯著，另有部分石質遺留的質地為砂岩、變質砂岩、灰泥岩、石英或是不明石材。遺留物的組合模式以尖狀器、石錘、石片器與鋒利小刮削器為主。其中小刮削器很類似舊石器時代末期的打製石片。另有少數砥石、邊刃器鋸形器與不甚定型的斧鋤形器。

　　亮島島尾 II 遺址以花崗岩為主要石材，因而多數石器製作與使用痕皆較不顯著，另有部分石質遺留的質地為砂岩、變質砂岩、安山岩或是不明石材。遺留物的組合模式以石錘、尖狀器與石片器為主。其中尖狀器與石片器與另一個有趣的觀察點為，新石器時代的亮島漁獵生活中，居然完全未見常見於新石器時代沿海遺址的「石網墜」或「陶網墜」，亮島島尾遺址群的漁獵工具中可能沒有漁網的運用，而是以採集

濱海資源和潛水射獵的方式進行。直到明清時期，島上才出現了陶制的網墜，見於島頭百勝港一帶。

　　綜合亮島內兩遺址石器的比較，得到以下幾點觀察：

(1) 亮島島尾遺址群石器製作技術上仍以打製為主，磨製石器少見。

(2) 亮島島尾遺址群石器形制上較為單調，以尖狀器、石片器為大宗。

(3) 亮島島尾 I、II 遺址相較，石器的石材、形制差異不大。最大的差異在年代較晚的島尾 II 遺址出土了形制較為穩定的蠔蠣鑿。島尾 I 遺址出土尖狀器數量亦不少，但在形制上並不穩定。

(4) 從石器的形制特徵上而言，幾乎找不到兩遺址間的共同特徵，即使是磨製石器，亮島出土的石錛殘件與偏鋒方角石錛較為相似，而奇和洞遺址則以中鋒弧刃的形制為主，石材更是迥然不同。

(5) 亮島遺址群的石器在功能上強烈反應出在礁岩環境上採集的需求。

　　綜合亮島島尾 I、II 遺址及熾坪隴遺址的石器，就材質、器型製法與使用痕四項之異同，列表如下：

表 2 亮島島尾 I、II 遺址及熾坪隴遺址的石器 5 項比較

遺址	亮島 I	亮島 II	熾坪隴早期	熾坪隴晚期
材質	花崗岩、砂岩、灰泥岩、石英	花崗岩、砂岩、安山岩	花崗岩、砂岩	花崗岩、砂岩
器型	石片器、尖狀器、斧形器、不定形長邊刃器、石錛、石錘	小石片器、尖狀器、斧形器、砍砸器、石錛、石鏃、石錘	小石片器、不定形石斧	尖狀器、不定形尖狀器。多蠔蠣啄、長方形石錛、
製法	打製；磨製僅 1 件錛首端殘件	打製、雛胚、圓礫多未經打擊	打製	磨製或半磨製
使用痕	尖部多折損。少數有使用痕。	多不顯著、石錘多集中於端點	多有使用痕	使用痕不顯著
備註	小石片具舊石器時代遺風	小石片具舊石器時代遺風	小石片與亮島 II 類似	

1. 骨角器分析

出土的骨角器中，一種骨角制「倒鉤式魚叉（銛）」（圖 29）最受注目，特別是只有單側的倒鉤有別於一般的魚叉。這樣的魚叉另稱「銛」，其主要的功能為「突刺」。器形上主要可分為「固定型」與

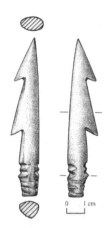

圖 29　島尾 I 遺址出土骨魚叉

「脫鏃型」（toggling harpoon）兩種。根據使用方式可分為「掌上型」與「投擲式」兩種。骨角制材質，金屬器時代則有金屬制者。掌上型銛的狩獵物件通常是中小型的動物或魚類；而投擲式的對象則較大如鯨豚等。從形制上而言，固定式的叉頭往往有比較長的鋋部（莖部）以利固定於長竿柄上，一如長矛的樣式；脫鏃型的叉除了鋋部較短，且大部分具有穿孔或是少部分具有便於繫繩的橫突起或刻槽。此外，另有投擲式的脫鏃標，除了器身與莖部較長，也多為金屬制叉頭，重量較重，利於投擲時產生重力加速度，往往在陸上或船上使用。[9] 掌上型脫鏃型叉的鋋部往往較短，手持的柄杆也較為細長輕巧，便於攜帶與潛入

9　唐美君，1960。

水中使用，利於追逐與控制獵物受突刺後的負傷逃竄與躲藏於礁岩。亮島出土的完整的倒鉤式魚叉（DWI-P3NL2-B01）與殘件「刻槽骨首」，其鋌部較短。作為固定式的叉，鋌部的長度難以牢固地卡榫或繫綁杆上，雖然沒有常見於脫鏃標的穿孔特徵，但是鋌部有明顯用於繫繩的突起與多道刻槽，說明了作為脫鏃型魚叉的高度可能性。此外，從其長度上而言，全長僅 8.95cm、重量 10.9g，體小品質輕而不適合投擲，應屬掌上型的叉。島尾 I 遺址出土的骨銛充分反映出環境適應上的獵食方式，從脫鏃叉（離頭叉）的形制上可以知道他們潛水獵捕中小型魚類；固定式的銛則可運用於礁岩淺灘的採集上。除此件完整的叉之外，另出土 4 件叉的鋌部殘件。關於骨角器的製作材質，均未經高精密儀器電子顯微鏡觀察其骨質結構與成分，其骨材來源亦不明。

第四章 ───────────────

馬祖列島的
史前文化

一、馬祖列島史前文化之命名

　　馬祖列島之史前文化，本書以「亮島文化」為命名。通常考古學文化的命名，除依據出土的遺物與出現的遺跡，尚必須具備三個條件：

1.　一種「文化」必須具有某種群體的特徵。
2.　要有共同伴出的類型，最好是發現不只一處。
3.　必須對於這一文化的內容有相當充分的知識。[1]

　　馬祖列島的史前文化遺址有七處，包括亮島島尾遺址群四處、熾坪隴遺址、福澳遺址與塘岐遺址等。該地區的史前文化史，其實僅是建立在亮島島尾遺址群與熾坪隴遺址的發掘工作與研究基礎上。然而，該地區卻有著相當獨特的海洋性島嶼史前文化。綜合前文各項探討，馬祖列島史前文化的特性：

1.　遺址的面積均在 1-1.5 平方公里左右，或更小。遺址範圍顯示在古時均非大型的聚落，更類似季節性或臨時性的居地。但亮島的面積僅 0.35 平方公里，是一座蕞爾小島，居然會有 4 處 8,300-7,000B.P. 的史前遺址，關鍵重要因素，可能是該島的自然生態環境與其周邊海域的豐富資源。
2.　遺址上的遺蹟，最明顯的是貝塚堆積。但文化層

1　夏鼐，1959。

堆積均不厚，大約多在 1 公尺以內。也許由於遺址的土地均經過近代挖掘利用而非原遺址中心的地層。但即使是遺址邊緣的位置，在數百上千年的貝塚堆積，也不應僅餘 50-60 公分的厚度。可知該地並非長居之地。

3. 就生業的觀點，古代在冬季的亮島上，生存的條件不足，難以生存，因而作為季節性的居留可能性較大。

4. 亮島島尾遺址群與熾坪隴遺址的地點，均在海拔 50 公尺以上的海岸坡地上，地形均相當陡峭。附近多有溪流或泉水。由於離生業之地的海岸有相當高度與距離。因而，推測古時的先民在此類小島上生活，有可能採用上、下雙居地的方式，以求生活的方便。日常就在海灘後方的高處沙丘、山洞、岩蔭等處居住，當海象不佳時就移至高地。就如現今在台灣山地的原住民，他們除了在村莊有居屋之外，在田地裡還有工寮。至於先民們在海灘低處的居處遺跡，當然不會久存。

5. 古代的灘塗：亮島遺址的下方並無灘塗。如果依照目前亮島的地形環境，則無法採集到任何貝類的可能，僅能捕撈淺、深海魚類。亮島考古隊曾經有三次在夏天七、八月間進行發掘工作。其時正是海域貝類盛產的季節，考古隊在遺址懸崖邊工作，就看到漁民們在距離海岸邊約 100-200 公

尺的岸邊捕撈作業。幾乎在每天下午 4-5 點間，
每次由兩艘漁船為一組，前船在收漁籠，後船接
著在放漁籠。漁籠的繫繩長約 3-4 公尺以內。有
時漁民還會在海邊岩石間活動，下海潛水撈貝。
他們不戴護目鏡，每次 2-3 分鐘就上來。由這項
觀察，該處的深度均淺。如果在 9,000-7,000B.P.
的海平面較現今低約 10 公尺左右；[2] 則在那時可
能會有一片相當大的灘塗，才能有那麼多生長在
灘塗的貝類作為先民的食物。在亮島島尾 II 遺址
的發掘中，出土了數塊鬚鯨類（海豚）的頭骨破
片，其時的先人們，是否有能力捕殺海豚是可疑
的。由於鯨豚類會擱淺在沙灘上，也許可作為旁
證。

6. 水源：亮島沒有任何一條溪流，僅有許多岩壁間
狹縫的水溝。駐軍就依流水量的大小，設置六座
儲水庫。在島尾遺址群的東側較為緩和的坡地
上，設了一座儲水庫。可知該地點在古時應有泉
水可資利用。熾坪隴遺址的地點也是在海拔 50 公
尺的斜坡上方。該處下方的海岸是一處小海灣，
地名「科蹄灣」。「科蹄」一詞在閩東（福州）方
言，是指長居於水上的蜑民，可知在古時該地是
水上人家的長居之所。遺址的附近也有一條小

2　陳仲玉、劉紹臣，2016：5-8。

溪，泉水是民生必需的條件之一。這處遺址的地
點與亮島島尾遺址群，就自然環境的條件來說，
均有些雷同之處。

7. 配合亮島島尾兩遺址與熾坪隴的物質文化相觀
   察，此兩遺址基本上屬於海洋文化的範疇；其生
   業方式是海洋漁撈採集的生活方式。熾坪隴遺址
   石器中有矛鏃等投擲尖器，顯然會在陸上捕獵小
   動物群。尖狀石器、石片器等，可利於採貝。但
   均看不出有農耕跡象。史前新石器時代數千年的
   島嶼生業，其基調未曾有大的改變。

8. 遺址中出土的物質文化遺留，其來源是多元的；
   充分顯示其海洋性，人與物常有漂流的特質。地
   緣之間的交流與互動有其疏密的關鍵。然而，海
   洋性族群是文化的傳播者，他們有時無遠弗屆。

9. 碳十四年代學的資料近 30 件，分別落在 8,300-
   8,030B.P.，7,700-7,400B.P.，6,000-5,300B.P.，
   4,000-3,500B.P. 四個時段。由這四個顯明的時段
   分劃，再配合物質文化內涵的差異，將亮島文化
   分期與分型，並命名如下：

   (1) 「亮島文化一期」：相當第 1、2 兩時段，包
       括亮島島尾 I 遺址與熾坪隴遺址的下文化層。
       石器群中，有鋒利小刮削器與亮島一期的小石
       片器類似，均顯示舊石器時代末期的打製石器
       遺風。這期文化相當於北杭州灣跨湖橋遺址文

化，也是中國東南沿海新石器時代相當早的年代學的資料之一。然而，兩者之間的文化遺物內涵差異甚大，看不出有明顯的關聯性。近年在閩南山區發現的奇和洞遺址，該遺址第三期文化中，陶器的紋飾有少部分與亮島島尾 I 遺址的陶片相似。但是，奇和洞三期的年代 10,000-7,000B.P. 跨度大，兩者之間有相類似的文飾，何者為早或晚，目前仍難以判定。並且，奇和洞遺址的石器在二期即出現磨製石錛；其三期的石器亦與亮島島尾兩遺址的石器差異甚大。再者，奇和洞遺址離海岸有 300-400 公里之遙，是否為海洋性文化更要存疑。亮島島尾 I 遺址的陶片中的指甲紋、貝殼印紋也與金門金龜山遺址類似，似乎有其地緣關係。此外，廣東、廣西、海南三地早於亮島島尾 I 遺址的新石器時代早期遺址均在山區，何況廣東、廣西、海南三地與馬祖列島相距甚遠。

(2) 「亮島文化二期，熾坪隴類型 1 期」：約在第 3 時段，因亮島島尾 II 遺址上層文化，年代大致介於 5,700-5,300B.P.。由於亮島島尾 II 遺址上層文化中的部分陶器文飾（如繩紋陶等）、石器（如「蠔礪啄」等如前所述），與熾坪隴遺址下層文化之間相同，年代大致介於 6,000-

5,500B.P. 間，甚至比亮島島尾 II 遺址上層文
化還早 300 年，可包括在「亮島文化二期」
內，故稱為「亮島文化二期」的「熾坪隴類型
1 期」。這一期文化與閩江口一帶的殼丘頭遺
址文化與曇石山下層文化的年代相當、器物也
雷同，但其中差異者亦多。

(3)「亮島文化二期，熾坪隴 2 期」：第 4 個時
段，文化遺物僅見於熾坪隴遺址上層，相當於
閩江口一帶的黃瓜山遺址文化，此時已到新石
器時代之末。

綜觀以上的觀察，就馬祖列島的亮島島尾 I 遺址
與亮島島尾 II 遺址，這兩處遺址與熾坪隴遺址的文
化內涵，大致可以看出馬祖列島史前文化的多元，充
分顯示其海洋性。其文化內涵與福建沿海多處遺址，
有著相當密切的地緣關係。基於上列諸點理由，因而
將馬祖列島的史前文化體系，命名為「亮島文化」。
「亮島文化」可分成二期，即「亮島文化一期」與「亮
島文化二期」；「亮島文化二期」之下又可分為「熾
坪隴類型 1 期」與「熾坪隴類型 2 期」二類型。茲將
馬祖列島史前文化序列示如下表 3：

表 3　馬祖列島史前文化序列表

文化	分期	類　　型	年代（B.P.）	相關文化
亮島文化	亮島一期	亮島一期類型	8,330-7,301 B.P.	奇和洞三期
	亮島二期	亮島二期類型	5,750-4,760 B.P.	殼丘頭文化
		熾坪隴 1 期類型	6,000-5,500 B.P.	曇石山文化
		熾坪隴 2 期類型	4,000-3,500 B.P.	黃瓜山文化

　　海洋性島嶼文化在東北亞日本、琉球群島與島嶼東南亞地區均普遍出現，但在中國沿海則屬少見。其中的原因，可能是中國沿海各地的文化相非常複雜而多樣。沿海島嶼與大陸本質上就有著互動與依存的屬性；研究者往往只著眼於大陸的文化，而忽略了其與島嶼之間的異同性。這種現象不會出現在如台灣與海南等大島，至於諸小島則是普遍的現象。由馬祖列島史前文化史的觀點，在今後的研究中，值得加以注意。

二、馬祖列島周邊的史前文化相

　　亮島島尾遺址群的發現與研究，除了可以為大陸
東南地區的新石器早期文化提供一些重要的新資訊，
同時也可建立起一個區域史前文化的比較基礎。本節
就以浙江省、福建省、台灣本島與連江、金門兩列島
四大區域沿海指標性史前遺址，再參考各地遺址的定
年含跨 10,000-5,000B.P. 間，選出同時期相關的指標
性遺址，以為相互比較。首先，遺址文化年代方面，
浙江上山的新石器早期年代顯然較早；其次為福建奇
和洞、馬祖亮島島尾 I 遺址、浙江跨湖橋、馬祖亮島
島尾 II 遺址、馬祖熾坪隴、河姆渡遺址第四至第二
文化層、金門復國墩、福建殼丘頭；最後才是福建曇
石山與台灣的大坌坑諸遺址（圖 30）。茲將上述各遺
址之年代與文化層列如下表 4。

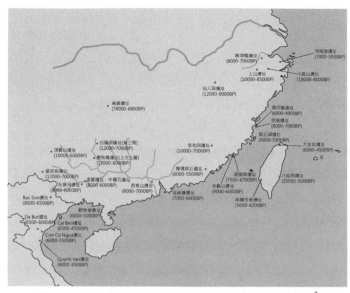

圖 30　大陸東南地區新石器時代早期重要遺址位置[3]

表 4　相關遺址之年代與文化層

行政區域	遺址與文化層	年代（B.P.）
浙江省	上山遺址	10,000-8,000
	井頭山遺址	8,300-7,800
	跨湖橋遺址	8,000-7,000

3　Google-earth，2013.05 改繪。

行政區域	遺址與文化層	年代（B.P.）
福建連江縣 （台灣管轄）	亮島島尾 I 遺址	8,300-7,600
福建省漳平市	奇和洞遺址第三期	10,000-7,000
福建金門縣 （台灣管轄）	金龜山遺址	8,000-5,500
福建連江縣 （台灣管轄）	亮島島尾 II 遺址	7,500-5,000
	熾坪隴遺址	6,000-4,000
浙江省	河姆渡遺址第四文化層	7,000-6,500
	河姆渡遺址第三文化層	7,000-6,000
	河姆渡遺址第二文化層	6,000-5,700
福建省	殼丘頭遺址	6,000-5,000
	曇石山遺址下層	5,500-4,500
福建金門縣 （台灣管轄）	復國墩遺址	6,700-6,000
台灣本島	大坌坑文化	6,500-5,000

　　此種史前文化發展的時間序列，隱然呈現出以浙江省、福建省、台灣本島與連江、金門兩列島四大區域沿海指標性史前遺址的發展趨勢。

三、馬祖列島遺址與諸周邊遺址出土物的比較

　　史前考古學基本上是依據田野發掘工作中，出現的遺物與遺跡，去認識文化內涵；再參照時間性、遺址數與區域範圍等因素，得以思考該遺址或該地區的文化屬性問題。因而，要思考馬祖列島史前文化的屬性，必須要從出土的遺物著手。本節將以馬祖列島遺址諸遺址出土的陶器、石器與骨角器三大項，將之放在浙江、福建與台灣三大範圍脈絡中比較觀察。陶器是器物中，最為顯明、敏銳而可資觀察比較者，是本節討論的重點。此外，雖然在沿海的環境中，出土物的貝類器物是出土物的大宗；但是，在馬祖列島的史前諸遺址，均未曾出現具體而經人工修造過的貝類器物，因而排除貝類這一項。

(一) 陶器

　　馬祖列島的亮島島尾兩遺址間，以及亮島島尾 II 遺址與熾坪隴遺址間的相似性大於相異性，這三遺址間的比較，是有些許差異；可將它放在中國東南沿海一帶遺址的視角來看，早晚期的技術風格變化並不大，應放在同一個技術傳統。為了釐清馬祖列島三遺址陶器技術的發展脈絡，以及與周邊群體的關係，將

以兩個方式比較各遺址的陶器風格：其一、比較各遺
址各項陶器製作技術與屬性特徵；其二、重建各區域
文化的陶器製作技術及風格的轉變，以區域發展的方
式相互比較。

1. 上山遺址陶器技術與風格（10,000-8,000B.P.）[4]

　　上山遺址位於浙江南部浦陽江上游河谷。陶器胎
土質地，早期主要以夾炭陶為主，晚期以夾砂陶為
主。胎體淡黃色與夾炭紅衣。厚度較厚，部分超過 2
公分。器型大部分為平底盆，亦見有多角口緣容器、
雙耳罐、缽、平底盤。底足形狀除把手為成對或單側
帶狀豎把。成形技術以泥條或泥片接築用手捏壓。

　　大部分為素面，裝飾形塑技術見有塗彩、施紋。
塗彩主要為紅，全面塗抹形成薄陶衣。施紋見有繩
紋、折線劃紋與戳印紋，繩紋主要用於黏結紐把處增
加黏接力。劃紋與戳印紋主要施於口部（圖31）。

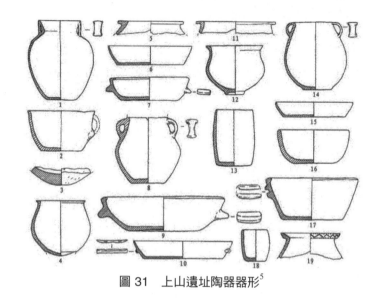

圖 31　上山遺址陶器器形[5]

2. 奇和洞遺址第三期陶器技術（10,000-7,000B.P.）[6]

　　奇和洞的地質為石灰岩，位於福建省漳平市東北方奇和溪旁，海拔 442 公尺。奇和洞遺址可以分為三個文化期，最早的第一文化期（17,000-13,000B.P.）並未發現陶片，第二文化期（12,000-10,000B.P.）與第三文化期（10,000-7,000 B.P.）均發現有陶片。本段敘述的時間以接近第三文化期為主。陶器胎土質地主要以夾砂陶為主，少量的泥質陶。表面顏色以褐色為主，尚有紅褐色、灰褐色，少量的黑褐色與黃灰

5　蔣樂平，2007。

6　福建省博物院、龍岩市文化出版局，2013。

色。器形為罐、釜、盆、缽、盤。未見有底足部、
紐、把手等部位陶片。成形技術未見有明確的敘述，
推測應為泥條或泥片接築以手捏而成。大部分為素
面，裝飾形塑技術見有磨光、塗彩、施紋。塗彩主要
為紅彩，全面塗抹形成薄陶衣。施紋技術見有拍印、
壓印、刻劃、戳印。施紋部位由口頸部至腹部。紋飾
以壓印或拍印的繩紋與細條紋為主，亦見有扇狀條刻
劃紋、葉脈紋、網格紋、篦劃紋。戳點紋包含三角戳
點紋、短條戳點與圓點（圖32）。

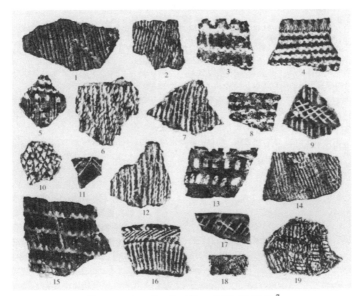

圖32　奇和洞遺址第三期陶片紋飾[7]

7　福建省博物院、龍岩市文化出版局，2013。

3. 跨湖橋遺址陶器技術（8,000-7,000B.P.）

跨湖橋遺址位於浙江浦陽江下游蕭山湘湖邊。雖然跨湖橋遺址可分為三期，但三期陶器並未有明顯的差異，因此在此一併敘述。陶器胎土質地主要以夾炭陶及夾砂陶為主，也有少量的夾蚌陶。陶器普遍是灰色系，灰黑、灰褐、黑褐，都是普遍的外表顏色，少數見有灰紅與灰黃。器形多元包含釜、罐、缽、圈足盤、豆、盆、甌、器蓋與支座，部位間的形狀變化豐富。底足形態以圓底器占大部分，部分的圈足器與少量的平底器。圈上有各種形狀的穿孔，例如：長條形、圓形、三角形等。陶紐與把也發現不同的樣式，黏貼在口部、口體間與體部。紐有成對的水平形、弧形，而把手有成對的豎寬帶狀也有橫寬帶狀。成形技術以泥條或泥片接築用手捏壓。拍印繩紋，顯示成形階段可能經過拍打輾壓。僅有少部分的素面陶，大部分的陶器表面皆經過裝飾或修飾。裝飾形塑技術見有抹擦、磨光、塗彩、施紋與堆加泥條。施紋部位主要施於頸下腹部與圈足，部分口頸部見有刻劃、壓捏或附加泥條。塗彩主要為紅彩，其他顏色有淡黃、灰白與黑彩。塗彩的技法除了全面塗抹形成薄陶衣之外，還有各種樣式，包含：條帶形、波折波浪形、點形、環帶形、垂掛紋、太陽紋、十字紋、叉形紋、網格狀紋、梯格紋、方框形等。施紋的技法包含拍印、壓印、刻劃、戳印與捏壓。大部分拍印或壓印施以繩紋

於釜與甗的腹部。拍印或壓印的紋樣，還有穀粒形、
條紋、方格紋、菱格紋。部分罐口唇面發現壓印痕，
但並未生深凹。刻劃紋有網格劃紋、放射劃紋、篦劃
紋、垂帳紋、折線紋、波折紋、弦紋。捏壓的技法施
於口部、體部與體部轉折上，產生一道道的凸棱（凸
弦紋或突脊）。另有堆加水平泥條在體部上，泥條上
有點狀壓印紋（圖33）。

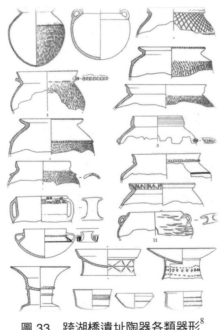

圖 33　跨湖橋遺址陶器各類器形[8]

8　浙江省文物考古研究所、蕭山博物館，2004。

4. 金龜山遺址陶器技術（8,000-5,500B.P.）[9]

　　金龜山遺址為作者發現的遺址，位於金門縣金門島東北方金龜山南側山腰上，海拔約 22 公尺。遺址絕大部分出土夾砂陶，顏色大致是紅褐色系與紅黃色系，少數有灰黑陶。發現的陶片多半細碎，能辨識器形的關鍵部位陶片很少，大略只能推測有罐和缽。成形技術推測為泥條或泥片接築以手捏制。絕大部分為素面，裝飾形塑技術見有抹平、施紋。施紋技術見有拍印、壓印、刻劃。具有紋飾的陶片不多，當中大部分都是繩紋。另見有貝齒印紋（鋸齒狀與齒輪狀）、指甲印紋。在口部發現短條的刻劃（圖 34）。

圖 34　金龜山遺址陶片

9　陳仲玉，1997。

5. 井頭山遺址陶器技術（7,700-6,000B.P.）[10]

　　井頭山遺址位在杭州灣南岸的四明山脈與姚江河平原的交界處。由於地面海拔僅 2 公尺，文化層又在地面下 5-10 公尺，顯然是古代寧波灣海岸邊的遺址。地層有淤泥灘塗的堆積。因而是目前所見中國沿海埋藏最深、年代最早的典型海岸貝塚遺址。年代約7,500-5,000B.P.。陶器主要器型為釜、罐、圜底器為主，少量圈足器，近方形的陶支腳，但不見三足器。文飾：繩紋、方格紋普遍，也有一定數量的紅彩衣和黑衣。製作工藝上以泥條接築加拍打成型，慢輪製作痕不明顯。器形：釜、圈足盤、缽、敞口盆、小杯、折扁腹罐、釜支腳、陶拍、器蓋、近方形陶支腳與小陶玩等。陶質：以夾砂陶為主，還有夾炭陶，以及少量夾細砂陶、加貝殼碎屑陶等；陶胎厚薄不均，燒製火候看似不高，器形多較規整。陶色以紅褐色為主，還有紅衣陶、黑衣陶。此遺址距離河姆渡遺址僅 1 公里，由於年代較早，被認為是河姆渡遺址文化的源頭。自 2017 年開始發掘研究，至 2020 年評為該年全國十大考古遺址。目前僅見初步報告，有關其陶器的細節尚未明。將歸納在河姆渡遺址第四文化層、第三文化層中一併探討。

6. 河姆渡遺址第四文化層、第三文化層陶器技術

10　浙江省文教考古研究所等，2017：3-26。

（7,000-6,000B.P.）[11]

　　河姆渡遺址位於杭州灣南岸，在慈溪南部的河谷平原上發掘出土四層文化層，過去的研究說明第四與第三文化層在絕對定年的時間上接近，陶器石器在形制與風格上差異不大，故本段將第四層與第三層合併敘述。河姆渡第三（圖36）與第四文化層（圖35）的主要差異在於陶器的質地、顏色與器形。在顏色上，第四文化層主要為灰黑色，少數帶有灰黃或灰紅的斑駁表面；而第三文化層大部分為灰色、灰黃色，並出現少量的紅陶。第四文化層多施於口頸，口頸逐漸轉變體部的部位。第三文化層多素面陶，多施紋於體腹。器型包括釜、罐、多角口緣容器、盆、盤、豆、缽、碗、杯、造、盂、器蓋與器座。底足形狀有平底、圓底與少量的圈足。有成對或單側的豎帶狀把手，帶流嘴罐。成形的方式主要是以泥條或泥片手捏而成，部分輔以旋轉技法。裝飾形塑技術包含磨光、塗彩、施紋與堆加泥條。塗彩陶片很少，形式為塗上灰白色泥底，並彩繪上咖啡色與深褐色動植物花紋。施拍印褐色動植物花紋。施紋技術有拍印、壓印與繩紋、刻紋技術有刻劃、戳印與捏壓。釜罐底部以拍打

11　浙江省文物管理委員會、浙江省博物館，1978（1）：39-93。浙江省文物考古研究所河姆渡遺址考古隊，1980（5）：1-17。黃渭金，2006：132-140。

的方式，部分自頸部以下施紋。壓印紋上貝殼印紋、穀粒且以動植物圖像刻劃紋飾印紋，較為豐富。其中刻劃紋是河姆渡文化的代表文飾。此外，尚有短條劃紋、弦紋、圓圈紋、波折紋、垂葉紋、箆劃紋等。戳印主要為點狀或短條狀。捏壓一道道突脊，主要施於口部與體部。附加的堆紋，主要以泥條水平黏接於口部、體部，又於泥條上按壓點狀文飾。

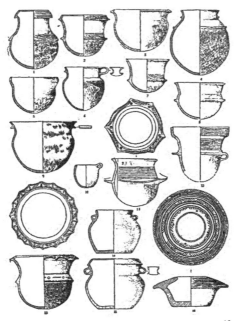

圖 35　河姆渡遺址第四文化層陶器文飾[12]

12　浙江省文物管理委員會、浙江省博物館，1978。

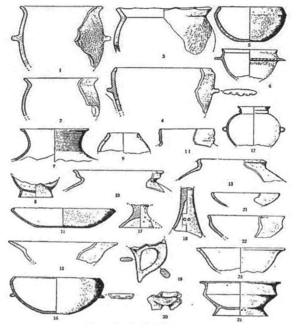

圖 36　河姆渡遺址第三文化層陶器文飾[13]

7. 河姆渡遺址第二文化層陶器技術（6,000-5,700B.
   P.）

　　胎土質地以夾砂陶為主（66%），部分為泥質陶
（21%），以及少量的夾炭陶。[14] 顏色以紅色最多，其
次為灰陶與少量的黑陶。器形相當豐富，有罐、釜、

13　浙江省文物管理委員會、浙江省博物館，1978。

14　浙江省文物考古研究所河姆渡遺址考古隊，1980（5）：1-17。

盃、鬹、箕形器、鼎、豆、盆、圈足盆、缽、盤。底
足形態有底、圜底與圈足。陶紐呈水準狀並且在紐上
施壓印紋。把手的形式有黏結在罐上成對的帶狀豎
把，與鬹上的豎狀單把。豆把與圈足上見有穿孔。質
地與器型大致能對應。釜、鼎、盃、鬹與支座為夾砂
陶。罐、豆、盆、盤、缽為泥質陶。成形的方式主要
是以泥條或泥片接築手捏而成。陶器比起第四文化層
及第三文化層工整，旋轉動能亦可能運用於成形階
段。

　　陶器大部分為素面，裝飾形塑技術見有磨光、塗
彩、施紋與附加泥條。塗彩主要為紅彩，全面塗抹形
成薄陶衣，極少數在紅色陶衣上施加褐色彩繪紋。施
紋技術見有拍印、壓印、刻劃、戳印與捏壓。施紋部
位以拍印的繩紋為主，施於頸下的體腹。刻劃紋有弦
紋、斜劃紋。見有米點狀戳印紋。捏壓一道道突脊，
主要施於口部與體部。附加堆紋，主要以泥條水準黏
接於體部上，於泥條上按壓點於口部與體部。附加堆
紋，主要以泥條水準黏接於體部上，於泥條上按壓點
狀文飾，亦發現顯著的泥條猶如環繞容器的寬沿（圖
37）。

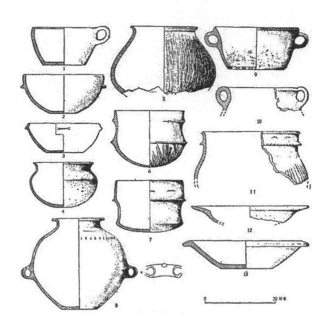

圖 37　河姆渡遺址第二文化層陶器器形[15]

8. 殼丘頭遺址陶器技術（6,000-5,000B.P.）[16]

　　殼丘頭遺址位於福建平潭縣海漁島西北部山麓坡
地上。共有兩層文化層,根據福建省博物院 2009 年
發表的發掘報告中,兩文化層的絕對定年並沒有顯著
的區分,主要分布於距今 6,000-5,000 年間。兩文化
層陶器差距很小,兩文化層都是以夾砂陶占絕大部
分,部分參夾貝屑,極少量的泥質陶。顏色主要都為

15　浙江省文物管理委員會、浙江省博物館,1978。
16　福建省博物館,1991;福建省博物院,2009。

灰色居多（約 70%），部分紅色、黑色、褐色與灰黃色。上文化層素面陶較多，出現方格印紋陶，下文化層則繩紋陶與素面陶數量相當。器形以罐最多，部分的釜、豆、壺、盤、碗、多角口緣容器、器蓋與支腳。支腳以蘑菇狀為此遺址顯著的特色。夾砂陶主要用於釜罐，泥質陶用於豆壺盤碗。圈足具有穿孔。成形的方式主要是以泥條或泥片接築手捏而成。大部分為素面，裝飾形塑技術見有紋的部位主要分布於頸部以下至圈足，口部僅見有捏壓呈一道道的突脊與唇部按壓呈現明顯凹陷痕。文飾以拍印的繩紋、麻點與條紋為主，施於體腹，亦見有拍完抹去的施紋技術。壓印紋尚有麻點印紋、波折印紋、條印紋、指甲印紋、貝齒印紋、方格印紋、三角形印紋、方形印紋。刻劃紋有弦紋、斜劃紋。戳印紋有圓點、橢圓形與短條形（圖 38）。捏壓一道道突脊，主要施於口部。發掘報告中有一件體部轉折的壺，在轉折處明顯的突脊，推測可能是附加水平泥條造成的堆加文飾，但泥條上並無壓印的紋路。

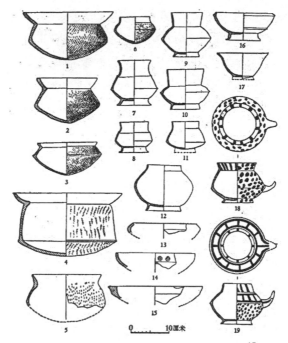

圖 38　殼丘頭遺址第二文化層陶器器形[17]

9. 曇石山遺址下文化層陶器技術（5,500-4,500B. P.）[18]

　　曇石山遺址位於福建閩江下游的沖積地上，曾經歷多次發掘。本段主要引述發掘報告較為詳細的

17　福建省博物館，1991。

18　福建省博物館，1976（1）：83-118；陳存洗、陳龍，1983（1）：6-29。

1964 與 1974 年兩次發掘。兩次發掘所得下文化層陶
器有些許差異，1964 年的發掘泥質陶數量較多高達
40%，1974 年發掘夾砂陶數量較 1964 年發掘稍多，
達 70%。顏色大部分是紅色，其次是灰色，以及少
量的黃色與黑色。紅色細砂陶在 1964 年發掘的數量
相當多，但 1974 年的發掘僅發現少量。器形有罐、
釜、鼎、壺、碗、盆、底足有圜底、尖圜底與圈足。
圈足器器型較為豐富，並於圈足上穿孔。成形技術以
泥片或泥條接築，手捏成形。裝飾形塑技術見有磨
光、施紋與少數的塗彩及附加泥條。塗彩主要為紅
彩，除了全面塗抹之外，也發現具線條形及圓形樣
式。施紋技術見有拍印、壓印、刻劃、戳印與捏壓。
施紋普遍施於體部，少數口部具捏壓形成的突脊、劃
紋、殘存的繩紋痕，或於唇面上施以圓圈紋與同心圓
紋。文飾以繩紋為主，施於體腹，亦見有拍完抹去的
施紋技術。刻劃紋有斜劃紋、長劃紋。戳印紋有圓點
與短條形。捏壓一道道突脊，主要施於口部與腹部。
附加堆紋以水準泥條黏接腹部表面，亦見有在泥條上
施以壓印（圖 39）。

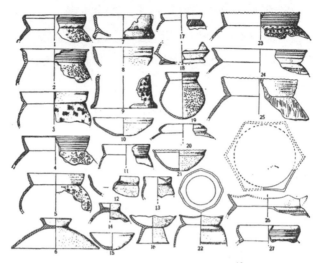

圖 39　曇石山遺址陶器器形[19]

圖 40　復國墩遺址陶片文飾[20]

19　陳存洗、陳龍，1983。

20　郭素秋、劉益昌，2005。

10. 復國墩遺址陶器技術（6,700-6,000B.P.）[21]

　　復國墩遺址位於福建金門縣金門島西側複國墩。復國墩遺址出土的陶片細小，大致了解陶器以夾砂陶為主，顏色多為紅色與灰黑色。器形推測以罐與缽為主。製作技術推測為泥條或泥片接築以手捏制。絕大部分為素面，裝飾形塑技術見有磨平與施紋。施紋技術有拍印、壓印、刻劃。文飾除了少量的繩紋以外，也發現貝齒印紋、波折紋，另外在唇部壓印造成鋸齒狀輕微凹陷。另也發現有短線條的刻劃紋，以及斜刻劃紋。作者在金門島發現另一處金龜山遺址。出土多為素面紅陶片，文飾有指甲紋、蚶貝印紋等（圖40）。

11. 大坌坑文化陶器技術（5,500-5,000B.P.）[22]

　　台灣新石器時代最早的代表為大坌坑文化，遍及台灣全島與澎湖群島，近年許多遺址均經過發掘，其中規模最大，且出土最為豐富的遺址，應屬台南科學工業園區內的南關裡遺址與南關裡東遺址。但根據此二遺址及澎湖菓葉遺址的絕對定年資料，發現其所代表的是大坌坑菓葉期為大坌坑文化 5,000-4,200B.P. 的文化相。這年代段落並沒有與亮島遺址群的居住時期

21　黃士強，1982；陳仲玉，1997；陳維鈞，1999。
22　黃士強，1974；臧振華，1994；劉益昌、陳玉美，1997；Liu, 2005。

重疊。這些遺址仍然可資對比參考。因此將整合回顧台灣北部的大坌坑文化以及南部的八甲遺址、福德爺廟遺址、孔宅遺址、六合等遺址。

　　大坌坑文化的陶器以紅褐陶為主。器形有罐、缽、盆（圖41）。成形方式以泥片或泥條接築壓捏成形，輔以旋轉動能抹擦修飾。大坌坑文化的特色在於口緣形狀與施紋。口緣形狀以帶有凸脊的器形辨識度很高，突脊上施以壓印。少數口部唇面具有輕微按壓，呈鋸齒狀。施紋遍及口部與體部，主要以拍印或滾印繩紋、貝印紋、刻劃、戳印為主。口部與體部都見有刻劃紋，文飾主題有箆劃紋、弦紋、曲折劃紋、「幾」字劃紋、交錯劃紋等。戳印圓圈、短線條為主（圖42）。另外也見有彩繪，主要為紅彩，除了全面塗抹形成紅衣之外，也發現線條與圓圈紋飾。

圖 41　大坌坑文化的陶器各種器形[23]

23　劉益昌，2011：143。

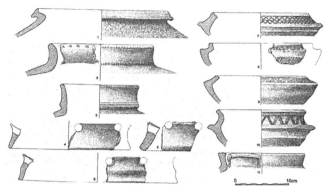

圖 42　大坌坑文化陶器的各種口緣、圈足與文飾[24]

12. 諸周邊遺址的陶器技術與馬祖三遺址的比較。

　　綜觀台灣、福建與浙江地區，發現距今 10,000-
7,000 年間的遺址甚少。這些區域在 7,000B.P. 以後的
遺址數逐漸增加，且每時期的間距縮小，比較能建構
成完整的文化期的轉變。此外，考慮亮島島尾 I 遺址
與亮島島尾 II 遺址，位處海島地形，腹地空間狹
小，氣候嚴峻，並不適宜人群長期居留與發展。島上
目前沒有發現可製陶器的黏土。出土的陶片較為破
碎，能辨識的關鍵部位並不多，可重建之陶器器形均
較為簡單。在這些背景條件下，有關陶質器物來源、
外來的傳播、或是在地的演變發展等議題，在討論上
均受到限制。因此，所有關於陶器技術與風格的比

24　劉益昌，2011：141。

較，均只是片段的。

　　亮島島尾 I 遺址與亮島島尾 II 遺址的陶器成形技術，並沒有與其他地區有顯著的差異，大致仍是以手捏泥條或泥片接築而成。在裝飾形塑技術上，紅彩全面塗抹形成陶衣的方式，在早期廣泛的地區中，包括浙江的上山遺址，或是福建的奇和洞遺址均可見到。彩繪文飾方面，亮島島尾 I 遺址的線條彩繪，以及亮島島尾 II 遺址的圓圈彩繪，在上述廣泛區域中能對應到者，有 8,000-7,000B.P. 的跨湖橋遺址，以及年代較晚的曇石山遺址下文化層、大坌坑文化等。壓印文飾，較具辨識性的是貝齒印紋、指甲印痕。這兩種印痕主要流行於福建地區的遺址中[25]，如年代較早的奇和洞遺址第三期有貝齒印紋、指甲印紋；這兩種紋飾也見於年代較晚的有殼丘頭遺址、熾坪隴遺址、復國墩遺址、金龜山遺址等。至於附加堆紋與壓捏成突脊的差異，僅是依據報告書的圖片，亦無法分辨。但這種在體腹具明顯突脊的陶容器，在浙江錢塘江流域十分常見；如跨湖橋遺址、河姆渡遺址，甚至在馬家濱遺址與羅家角遺址中更為明顯。福建地區在奇和洞遺址第三期中，有發現疑似附加堆紋的陶片；再晚一些的殼丘頭遺址也有發現。但這種堆紋或突脊的形式，在福建地區要到曇石遺址下文化層時才較為普遍。至

25　邱鴻霖、陳仲玉、遊鎮烽，2015：116。

於在唇面壓印凹痕呈波浪狀的裝飾技法，在福建地區
較早的奇和洞遺址第三期與殼丘頭遺址已有發現，凹
紋較為深刻，有疏有密。此外浙江地區的跨湖橋遺址
中，也發現類似的技法，但壓痕較輕，凹陷較不明
顯。

　　再看浙江地區相關遺址的陶器，發現無論在代表
性的器形上或是紋飾上，都與亮島兩遺址出土的陶片
差異甚大。例如：在浙江流行的帶狀豎把、水平狀的
紐，以及平底器等部位器形；在刻劃文飾方面，河姆
渡文化早期代表性的動植物主題的劃紋，或簡化動植
物主題的幾何劃紋等，這類特色都未見於亮島島尾遺
址群。透過上述簡略的比較，亮島島尾 I 遺址與亮島
島尾 II 遺址的陶器技術與風格，並未脫離福建地域
的脈絡。特別是與該地區的奇和洞遺址與殼丘頭遺址
之間的關聯性較大，但與時代較晚的曇石山遺址之間
的差異則較大。然而，亮島島尾 II 遺址的陶器技術
風格，與浙江錢塘江、太湖一帶的遺址關聯性較小。

(二) 石器、骨角器的比較

　　史前時代的石器工業，均在諸遺址中呈現，只是
材料大多就地取材，材質各有異同；製作工藝發展程
度上，又各自不同。因此，前文將馬祖列島三處遺址
的陶器，與浙江、福建、台灣等三大區域的陶器比較
結論為：「馬祖列島遺址的陶器，並未脫離福建地區

的脈絡」。因此，以下所要進行的石器與骨角器的比較研究，也就著重在福建奇和洞三期、殼丘頭與曇石山三處遺址的範圍內。

1. 石器的比較分析

亮島島尾 I、II 遺址出土石器以花崗岩為主要石材，另有部分石質遺留的材質為砂岩、變質砂岩、灰泥岩、石英或是不明石材。形制上差異不大。多數石器製作與使用痕跡皆較不顯著。器物的組合模式以尖狀器、石片器與石錘為主，另有少數砥石、邊刃器錛形器與少量不甚定型的斧形器。亮島島尾遺址群石器中，島尾 I 遺址出土尖狀器數量亦不少，但在形制上並不穩定。

此外，新石器時代早、中期的亮島漁獵生活中，居然完全未見常出現沿海遺址的「石網墜」或「陶網墜」。亮島島尾遺址群的漁獵工具中未見漁網的運用，而是以採集濱海資源和潛水射獵的方式進行。這情形直到明清時期，島頭百勝港遺址一帶，才出現了陶製的網墜。

綜合亮島 I 遺址的石器與鄰近諸遺址的比較，得到以下幾點觀察：

(1) 奇和洞遺址三期的石材則較多元。亮島島尾遺址群的石器僅以當地花崗岩為材。石器形制較為單調，並出現在當地製造使用石器而留下石核與廢料，以磨製石器為主。器形有形制穩定

的打製石斧與磨製石錛，而亮島島尾遺址群，則以打製石器為主要。亮島島尾 I 遺址則仍以打製石器為主，磨製石器僅見兩件殘錛。

(2) 從石器的形制特徵而言。幾乎找不到與上述兩地區間的共同特徵。即使是磨製石器，奇和洞遺址則以中鋒弧刃的石鑿器為主，亮島出土的則為偏鋒方角石錛與石錛殘件。

(3) 奇和洞遺址的石器組合，則反映出陸域環境中伐木種地的需求。亮島遺址群的石器在功能上強烈反應出在海域礁岩環境上採集的需求。這是以亮島島尾 I 遺址與上山遺址、跨湖橋遺址、奇和洞遺址三期，年代 10,000-7,000B.P. 間石器的比較。其次，再以亮島島尾 II 遺址、熾坪隴遺址，年代 8,300-7,000B.P. 的石器與殼丘頭遺址石器的比較。殼丘頭主要的石器為錛形器，而在亮島島尾 II 遺址、熾坪隴遺址最大的差異是出土了形制較為穩定的尖狀器「蠔蠣�」。該形尖狀器常見於兩廣沿海史前遺址，但少見於浙江與福建沿海，殼丘頭遺址中亦未見。

(4) 亮島島尾兩遺址金龜山遺址與復國墩遺址的石器比較。亮島島尾 I 遺址亦出土大量石錘。金龜山遺址出土打製石器，有砍砸器、石刀、尖狀器、砧石等；其中一件卵石打製手斧形器，

有舊石器時代遺風（圖 43）。亮島 II 遺址、復國墩遺址主要為石錘與石簇。兩遺址間，亦有相似處。

圖 43　金龜山遺址打製石斧

2. 骨角器的比較分析

跨湖橋遺址則就出現大量而且較為成熟的骨角器，如骨鏃、骨鏢、骨錐、骨針、骨匕、骨匙、骨叉等，器形種類多樣。並且其時已經出現農耕器具骨耜。奇和洞遺址三期有骨器，有骨鏃、骨錐、魚鉤和通體骨管等物。井頭山遺址骨器，器形有鏃、錐、鰾、鑿、針、匙、珠、笄等。

至於馬祖列島三處史前遺址均出土骨角類物。其中尤以亮島島尾兩處遺址的魚骨量大。並且皆出土許多骨器，包含較常見的箭鏃、骨針、骨椎、骨尖狀器、骨珠等器形；另有部分少見器形，如骨刀、骨鑿。亮島島尾 I 遺址出土的骨角尖器脫鏃魚叉（離頭銛），在形制上，可知其時人們潛水獵捕中小型魚類；固定式的魚叉則可運用於礁岩淺灘的採捕魚類上。

在海洋島嶼的自然環境中，考古遺址出土大量的

骨角類器物是正常現象。在此類器物中，以小型哺乳類、魚類的動物骨骸為主，數量也多。骨質材料經人類加工，成為日常用品或裝飾品，也所在多是。但因區域環境而有所不同，各地材料的來源，以及所被取用的材料也各異。先人們的器物製作，也會因人而異。傳統器物中，除非有雕刻文飾，或是造形明顯而通用的器物，要與各自創作品亦難分辨。

(三) 馬祖列島與周邊諸遺址出土物比較的小結。

經過以諸遺址關鍵器物──陶器的技術風格之比較：

(1) 裝飾形塑技術：紅彩全面塗抹形成陶衣的方式也存在於早期廣泛的地區中，包括浙江的上山遺址與福建的奇和洞遺址三期的陶器上可以見到。

(2) 彩繪文飾：亮島島尾 I 遺址的線條彩繪，以及亮島島尾 II 遺址的圓形彩繪，廣泛區域能對應到距今 8,000-7,000 年的跨湖橋遺址，以及年代較晚的曇石山遺址下文化層、大坌坑文化。

(3) 壓印紋飾：較具辨識性的是貝齒印紋、指甲印痕。這兩種印痕主要更普遍分布在福建、台灣與廣東地區，但流行於福建地區的遺址中。如南厝場遺址、臘舟山遺址、覆船山遺址、大帽

山遺址等；類似廣東陳橋遺址、鹹頭嶺遺址
等，以及台灣的南關裡東遺址。又如年代較早
的奇和洞遺址第三期有貝齒印紋、扇狀分布的
指甲印紋，這類紋飾亦見於年代較晚的殼丘頭
遺址、熾坪隴遺址、復國墩遺址、金龜山遺
址。

(4) 附加堆紋與壓捏成突脊的差異：但這種體腹具
明顯突脊的陶容器在浙江錢塘江流域十分常
見，如跨湖橋遺址、河姆渡遺址，甚至在馬家
濱遺址與羅家角遺址中更為明顯。福建地區在
奇和洞遺址第三期中或許有發現疑似附加堆紋
的陶片，再晚一些的殼丘頭遺址也有發現，但
這種堆紋或突脊的形式福建地區要到曇石山遺
址下文化層時才較為普遍。

(5) 唇面壓印凹痕呈波浪狀的裝飾技法：在較早的
奇和洞遺址第三期中已有發現凹紋較為深刻，
有疏有密。在福建地區的殼丘頭遺址也有發
現，唇面深刻的壓印有疏有密。

(6) 浙江地區相關遺址的陶器，發現無論在代表性
的器型上或是紋飾上都與亮島兩遺址出土的陶
片差異較大。

(7) 亮島島尾I遺址與亮島島尾II遺址的陶器技術
與風格，並沒有離開地域的脈絡，與福建地區
的遺址關聯性較大，特別是新石器時代早期的

奇和洞遺址與殼丘頭遺址；與較晚的曇石山遺
址差異較大。與浙江錢塘江、太湖一帶的遺址
關聯性較小。

(8) 若擴大範圍比較，上述的各種陶器風格亦普遍
可見於中國東南地區新石器時代早期
（10,000-7,000B.P.）的遺址之中，甚至是隔海
的日本列島南方繩文時代遺址，而這一層可能
與海洋性文化有關。

依據上述的比較研究結果，就地緣關係與陶器風
格上，與馬祖列島最為接近的便是福建的奇和洞遺址
三期，其地理區位鄰近、年代也相當。兩遺址的陶器
均較為豐富，有許多文飾風格上的相似性。兩遺址
間，不排除具有某種程度的關聯性，特別是地理位置
相接近，加深了這個可能性。

此外，關於石器與骨角器的比較，成果不甚顯
著。究其原因，大概與這兩大類器物的製作技術的發
展有關。先說史前時代石玉器工業的發展。石器從舊
石器時代的打製，到新石器時代的磨製，其進程的發
展，各區域不相同。依據考古學的證據，東亞北部顯
然比南部要早的多。譬如與石器磨製工法最密切的玉
器，最早出現在西伯利亞東部，俄羅斯境內貝加爾湖
西邊的山區河谷。該地玉質飾物的出現，可以早到
23,000-21,000B.P. 的 Mal'ta 文化。使用打製與磨製混
合法，施於蛇紋岩（Serpentine）上的製品，約在

9,000B.P.，而流行於其後的 1,000 年。[26] 在 8,000B.P.
中國東北興隆窪遺址，就有相當精美的玉器出現。其
時中國中原及其以東之地的磨製石器，如：斧、錛、
鑿、刀等器物亦在此時期逐漸盛行。再就錢塘江流域
在 10,000-8,000B.P. 的上山遺址的磨製石器較少。發
展到 8,000-7,000B.P. 跨湖橋遺址的磨製石器變多。其
後的河姆渡文化與良渚文化的玉器的精美就青出於藍
了。

　　然而，自浙江南部，經福建至兩廣沿海一帶，磨
製石器工藝就要晚一千多年。所以，在缺乏磨製石器
的條件下，再加上各地區就地取材的石材不一致。其
打製石器的器形與製作工法，均無可資一致比較的標
準，實難做技術與風格上的比較。

　　新石器時代早期的骨角器，也有類似的情況。除
非有些特殊，而器形清晰的器物，譬如在前文所述，
亮島島尾 I 遺址出土的骨角尖器脫鏃魚叉。但是，在
本文所列而供以比較的諸遺址，均未曾見到類似的骨
角器。因此，要以骨角器作為諸文化間的比較，亦有
所難。

26　Komissarov, Sergei,1998: 251.

下 篇—————————

「亮島人」
的研究

第五章

「亮島人」的發掘及其體質

　　2011 年在亮島島尾 I 遺址發掘時，發現一座墓葬，出土一具人類幾乎完整的骨骸，命名為「亮島人」，後改稱「亮島人」1 號。嗣後於 2012 年 7 月再度挖掘出土一具人類骨骸，是為「亮島人」2 號。兩個「亮島人」的發現，在當時頗引起學界與社會大眾的重視。

　　兩具遺骸各採取自其身碎骨片檢體，送到美國 Beta Analytic Inc. 實驗室做碳十四定年檢測。根據 Ams[14]C 資料並經校正，顯示「亮島人」1 號為 8,320-8,060B.P.，而「亮島人」2 號則為 7,590-7,560 B.P.。這兩個年代不但是在馬祖遺址中最早的，也是近年來在中國大陸東南沿海一帶，新石器時代早期墓葬中，少數年代久遠，且保存狀況良好的案例。兩個「亮島人」的發現，對於探討此區域早期人類的環境適應、族群分布、遷徙途徑、血緣遺傳關係等問題，具有關鍵性的意義。本章將說明墓葬人骨出土的經過，並藉由體質人類學方法進行體質特徵觀察檢驗，以及相關諸項目之研究分析。

一、「亮島人」的發掘

(一)「亮島人」1 號墓葬的發掘

　　「亮島人」1 號墓葬發現於 2011 年 9 月 8 日，最初於亮島擎天路邊坡之斷面上發現。該路因早年開發時形成一陡直斷面，其上可見清楚貝塚堆積。調查團隊並於斷面上，距地表約 60-70 公分，距現今路面約 150 公分處，發現局部左側頭骨與後頭骨殘片顯露於斷面上。因此於 2012 年 12 月間，在墓葬上方規劃探坑 TP1 進行貝塚堆積與墓葬之發掘。墓葬編號為 LDDW-I-TP1-M01。壙穴開口約始於人工控制層位 L3-L4（每層 10 公分，距地表約 30-40 公分處），壙穴口的堆積狀態與貝塚層的堆積面，可見隱約之長橢形不整合面，L3-L4 層並於壙穴西北側出現一大型圓扁形狀安山岩礫石，應非自然堆積，可能是墓葬標示物。壙穴內未發現具體葬具。人骨主要出土於 L6-L7 之間，亦即貝塚堆積結束之生土層（圖 44），並結束於 L8，推估壙穴深度約 50-60 公分深。壙穴內為淺褐色之粗砂混雜碎貝之堆積，並包含少量碎陶片、極小碎碳、魚骨與破碎動物骨骸，應為上層之貝塚層，於掘挖壙穴時的擾動堆積，或於埋葬死者時將土壤回填而落入，底層出現較多顆粒較大之石英角礫砂，碎

貝含量減少，人骨顯出是屈肢葬的狀態（圖 44）。

圖 44　「亮島人」1 號發掘現場情況

(二)「亮島人」2 號墓葬[1] 的發掘

「亮島人」2 號墓葬（編號 LDDW-I- M02），發現於 2012 年 7 月 26 日。發掘亮島島尾 I 遺址 TP3-L4 貝塚堆積層東北角時，出現疑似人骨。初步判定部位為左股骨遠程與左脛骨近端關節一帶。配合人骨走向與可能身高之推估，將 TP3 側向東拓坑 1 公分×1.2 公分為 TP3E，再向北側拓 1.5 公分×0.5 公分為 TP3N。TP3N 逐層向下發掘，於 L3（距地表 30 釐米）發現左眼眶外側、左顴骨與部分頰骨弓，

1　陳仲玉等，2013：163-167。

確認為人骨，頭向朝東、面朝上之仰身直肢（圖
45）。墓葬人骨出土於貝塚堆積之中，貝丘中貝類、
魚獸骨等生態遺留密度極高，並與人骨共伴出土。於
人骨出土位置之上層未見具體壙穴痕跡，人骨周邊亦
未見葬具或標示物等相關現象。骨骸整體保存狀況
佳，約保存 85-90%骨骸，因埋藏於貝塚環境之中而
骨質良好。頭骨顏面與右側上肢與軀幹曾受外力侵擾
佚失，但大部分尋獲[2]，頭骨亦經修復完成。肋骨與
椎骨局部腐朽，四肢骨端部少許破損。此外，左側腓
骨完全闕如，可能遭古代擾動而完全佚失。然而，貝
塚堆積中亦未見任何腓骨殘片，發掘過程中未見地層
遭擾動現象。

圖 45　「亮島人」2 號發掘現場情況

2　有關「亮島人」2 號頭骨顏面與右側上肢曾受外力侵擾而佚失，
　　後經修復。參考邱鴻霖、陳仲玉、游鎮烽，2015：253-266（附
　　件六「亮島人」2 號，人骨盜掘事件與損害評估）。

二、「亮島人」的墓葬風俗

　　一般地說，墓葬風俗是每一文化中，最保守的部分。亮島島尾 I 遺址出土的兩具人骨，「亮島人」1號是屈肢葬，而「亮島人」2號是仰身直肢葬。兩個「亮島人」其年代相距約 600-700 年，在埋葬習俗上有相當大的差異（參看表 5），反映兩個體分別來自不同的族群。可見距今 8,300-7,000 年間，正是華南地區這兩種埋葬習俗的分際。屈肢葬最早的年代可以推到舊石器時代晚期，約 10,000B.P.，直到 7,000B.P. 仍然是該地區墓葬的主流，普遍出現在史前遺址中。而仰身直肢葬則是 7,000B.P. 以後普遍的葬俗。兩座墓葬的習俗列如下表：

表5　「亮島人」埋葬習俗

對比項目	「亮島人」1 號	「亮島人」2 號
葬　　制	一次葬	一次葬
墓　　穴	土坑葬（貝塚層下）	土坑葬（貝塚層中）
葬　　具	無	無
葬　　姿	仰身左側屈四肢	仰身直肢
頭朝向	正東	正東

對比項目	「亮島人」1 號	「亮島人」2 號
面　向	南（左）	上方
陪葬品	無	右足下圓礫石錘 1 件
相關現象	墓穴上方有一約 20 公分直徑圓礫，疑有標示作用	墓穴下方 10-20 公分出現疑似火塘現象

(一) 亮島的墓葬概述

古代亮島的地理環境，同於大陸周邊的沿海島嶼，距離不遠、水域淺、可輕易到達的地點，甚至有可能隨著潮汐消長而陸連的島嶼。在這種情況下，島嶼本身若不是某一族群的主聚落地點，被長期占據或防禦著，那就可能變成為鄰近地區，人人都可以前往的地方。不論是為了生計而在季節性前往，或是跳島要前往更遠的地方。因此，在相當的一段期間內，亮島上發現不同文化群體活動於島上，而留下墓葬的現象，也是合理的解釋。

(二) 屈肢葬風俗

屈肢葬的風俗問題較為複雜。蓋在古代自西伯利亞南部至東亞大陸東南亞各地，這一廣大地區均多出現過；甚至在台灣原住民的民族志中，直到近代不久

之前仍有記載。在中國史前文化遺存中，屈肢葬尤為特殊，而且是華南新石器時代早期墓葬的主體。墓葬中側身屈肢、股骨貼近腹部的形態。其流行範圍早期在廣西的柳州和灘江流域，如甑皮岩遺址[3]逐漸至長江中游及其以南達於沿海島嶼的區域。華南各地史前屈肢葬人骨約 1,200 具以上，年代 10,000-7,000B.P. 其中多數出自貝塚遺址。其共有的特徵為屈肢（包括蹲踞、仰身、俯身和側身），人骨甚為蜷曲，足跟與盆骨、膝蓋與頜骨皆較貼近。推知可能有用繩索將遺體有意捆縛的做法。絕大多數無葬具與隨葬品。普遍不規則或無明顯的墓坑。[4]

　　史前屈肢葬習俗是基於血親的共同信仰和習俗。尤其是葬俗，它蘊涵著族親對亡靈的情感寄託與禮儀禁忌，是生活習俗中最深厚的傳統信仰，約定俗成、根深柢固。「亮島人」1 號屈肢葬遺存年代較早，保留了更多的古老成分。推測此種群分布的來源，很可能已超出珠江三角洲，沿近海地帶向東延伸到了閩江下游地區。今廣西、雲南、台灣，以及中南半島和南太平洋部分島嶼，近代原住民中所見的捆綁式屈肢葬，[5]都是這個古老族群不斷擴散流傳下來的遺習。

3　北京大學等，1982；王 達，1984。漆招進，2005。

4　賀剛，2014。

5　凌純聲，1979。

三、「亮島人」的骨骼

(一) 「亮島人」1 號的骨骼

　　「亮島人」1 號之骨骼，僅少數部位因受擾破損或年久腐朽。四肢骨局部受擾動而破損。軀幹方面，肋骨、胸骨、胸腰椎骨體有局部腐朽，頸椎破損狀況較為嚴重。整體而言保存狀況尚稱良好，存留部位約有 70%；頭骨、牙齒、四肢骨骨質良好。頭骨破損較為嚴重。頭部向北方。身體側臥，四肢屈折。人骨坐骨大切跡窄深、頭骨與四肢骨之整體表現較為粗壯，此種骨骼型態皆為男性個體之普遍特徵，故判定應為男性個體。整體而言，中等體型，從發達的骨骼肌脊線與粗厚之骨體觀之，此為肌肉活動量大、體形結實之個體，特別是上肢骨。身高方面，依現代漢人男性身高之回歸公式計算[6]，推估之身高分別落於 160±3.59 公分；依華南地區男性成年人的身高回歸方程式計算[7]，身高落於 158.72±4.72 公分。墓葬可能受出土地點於島上相對高點，排水良好，且為上層貝塚、壙穴內富含碎貝等因素之影響，人骨保存狀況良好。少數部位因年久腐朽或受擾亂破損。損朽部位

6　王永豪等，1979。

7　莫世泰，1983。

分述如下：左側頭骨、顏面因局部裸露於斷面之上而
有破損，右側頭骨亦有部分於埋藏過程中因土壓而破
裂。四肢骨之兩膝一帶、左手掌、右肱骨骨幹亦受局
部擾動而破損。軀幹方面，右肋骨腐朽破碎，而左側
肋骨幾乎腐朽而僅見破碎殘片；胸骨僅存局部胸骨
柄，胸腰椎骨體亦有局部腐朽；頸椎破損狀況較為嚴
重。整體而言保存狀況尚稱良好，存留部位約有
70%。頭骨、牙齒、四肢骨骨質良好，頭骨雖破損較
為嚴重，但變形程度不高，右半部顏面、梨狀孔保存
狀況尚可，仍可藉由左右對稱性來重建顏面。如就骨
骼細部觀察，有以下諸現象：

1. 頭骨：表現諸多粗壯特徵（圖 46）。頭骨的病理
   特徵，值得一提是「亮島人」1 號男性個體的兩
   側耳孔之外耳道皆可見明顯的骨疣或骨腫現象，
   稱之為外耳道外骨腫（Auditory Exostoses）或俗
   稱「Surfer's ear」。該病徵經常出現於潛水夫，或
   長期從事水下活動者，如韓國與日本俗稱「海女」
   的海岸水下資源採集者等。「亮島人」1 號個體的
   骨疣顯然非偶發的創傷，而是長期的形成過程。
   這個特徵主要發生於南北緯 30-45°之間的群體，[8]
   而亮島（北緯 26°）則不在範圍內。因此，亮島
   可能是目前緯度最低的個案，推測與其古環境均

8　Kennedy, 1986.

溫較今日為低有關。

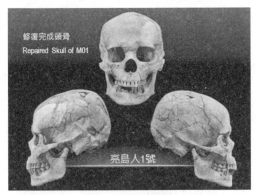

圖 46　「亮島人」1 號頭骨之三面

2. 上顎門齒、側門齒為鏟形門齒。

3. 上肢骨粗壯且肌脊線（三角肌粗隆）甚為發達，肱骨遠程外側緣發達，幾乎呈柱狀緣部。右尺骨鷹勾下緣的恥骨粗面（tuberosity of ulna）極為發達，向旋後肌脊（supinator crest）發達。

4. 下肢骨亦粗壯，但肌脊線發達程度一般，且脛骨扁平程度不高，相較於上肢骨之發達狀態，顯輕微差異。右股骨關節面疑似關節炎。脛骨遠程前面蹲踞面明顯。左薦腸關節面上緣增生骨贅。下肢骨整體表現出發達的肌脊線，近端骨頭的保存狀況雖不佳，可從髖骨髖臼窩周緣骨贅增生與月狀面一帶骨膜反應有關節炎的現象。左右兩股骨

的肌脊線發達程度並大致相當。兩脛骨的比目魚肌線各面向並未特別發達。

5. 左右手指骨的中手骨與基節骨的保存狀況較為理想。指骨關節並未見到關節炎現象。顯示出手指末節與中節手指的活動較為頻繁與活動負荷較重。右骨盆腸骨一帶破碎狀況較為嚴重，耳狀面一帶腐朽破碎，恥骨聯合面一帶未見。左骨盆腸骨一帶破碎狀況較為嚴重，耳狀面一帶腐朽破碎。恥骨結合面一帶尚存。

6. 大部分頸椎腐朽保存狀況不佳，殘存破片可見椎面不平整與骨贅。

7. 胸骨大部分保存狀況不佳，從殘存破片上可見局部骨贅增生及椎面不平整，特別以 9-12 節較為嚴重。

8. 肋骨：破碎程度高，但未見病理現象。

9. 腰椎：右起第一、二節腰椎保存狀況不佳，第三、四節明顯椎體傾斜，局部骨贅增生。第五節椎體傾斜程度低，但仍見明顯骨贅與椎面不平整的現象。

10. 第二腰椎椎體向前面嚴重傾斜，第一、三、四、五腰椎傾斜程度較輕。整體而言，體型中等並不特別高大，但從甚為發達的骨骼肌脊線與粗厚之骨體觀之，此個體之肌肉活動能量大、體形結實，特別是上肢骨。

(二)「亮島人」2 號的骨骼

1. 骨骸整體的骨質保存良好，保存約 85-90%，頭部
   朝向正東，顏面偏向右側（北）。依骨盆等判斷
   是女性，但頭骨上特徵並不特別明顯（圖 47）。
   四肢骨整體稍粗壯，但四肢骨肌脊線並未特別發
   達，相較於「亮島人」1 號個體則顯得不發達。
   依頭蓋骨冠狀縫合線及外板 Bregma-Midcoronal
   一帶癒合。矢狀縫合線 Anterior sagittal 一帶癒
   合，但 Obelion 一帶尚未癒合；根據以上顱骨縫
   合線與牙齒磨耗狀態，推估死亡年齡約落於 30 歲
   左右成年個體。其體質四肢骨整體稍粗壯，四肢
   骨肌脊線並未特別發達。身高推算約 165-169 釐
   米左右，與現代華南女性平均身高相較而言，屬
   於中等偏高個體。

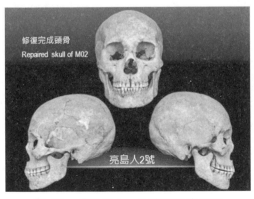

圖 47 「亮島人」2 號頭骨之三面

2. 椎骨：保存狀況以頸椎最好，其他椎骨則佚失或保存狀況不佳。整體比較而言，在殘存可觀察的脊椎骨中，以腰椎的骨病理程度較為嚴重。

3. 肋骨：右側肋骨因盜掘而缺損嚴重，左側殘存較多但亦嚴重破碎。未見病理現象。

4. 上肢骨的右肱骨與右橈骨保存狀況尚佳。皆未見關節炎相關現象。骨幹相較於「亮島人」1 號則較為纖細。相較於 M01 上肢骨的整體表現則顯纖弱，但相較於台灣西南部新石器時代遺址中的女性個體，則顯得粗壯。

5. 右手保存狀況較為理想，手掌部分除月骨佚失，其餘尚存。左手指骨的中手骨保存狀況較為理想，僅存少數末節指骨。指骨有骨質增生，但是指骨關節並未見到關節炎現象。顯示出手指末節與中節手指的活動較為頻繁與活動負荷較重。

6. 下肢骨的左右脛骨、右腓骨與股骨均保存狀況良好。股骨粗厚，肌脊發達與粗壯表現大致相當。長度亦較 M01 長，均未見明顯關節炎病徵。但左腓骨完全缺失。原因不詳。

7. 骨盆：整體保存狀況均不理想，腸骨與髂部皆嚴重破碎腐朽，狀面局部缺損，大切跡與坐骨一帶保存狀況尚可，但恥骨一帶大部分腐朽破碎，未見恥骨聯合面。有明顯寬且深的耳狀面前溝。

8. 足部的左右足趾骨，大致保存狀況尚可，亦未見

明顯病徵。

四、「亮島人」的頭骨形態測量性狀與指數分析

　　從頭骨的測量性狀與各項指數而言，「亮島人」1 號與「亮島人」2 號的顱形比較（圖 46、圖 47），兩者皆為顱頂面前半部較後半部小，枕部曲度更為平緩的「楔形」，顱指數大體相似，皆屬中顱型；中面指數亦相近；鼻指數與梨狀孔型態亦相近。眶指數雖皆屬於「中眶型」，但「亮島人」1 號的眶型明顯較「亮島人」2 號低了許多。其他型態表現上差異較大的特徵，為鼻根點的凹陷程度，「亮島人」1 號表現出較深的鼻根點位置；而「亮島人」2 號則顯得平坦，且鼻骨中段微微突起。「亮島人」1 號下顎角，角度小且下顎肢較為高聳。另一方面，額寬指數亦呈現出較大的差異。整體而言兩個體在顱型的表現上相似性高，但顏面則差異較大。此外，從頭骨表面肌肉附著部位的肌脊線發達程度而言，側頭線、後頭上下項線、下顎角外翻、翼突筋粗面之發達程度上，「亮島人」1 號相較於「亮島人」2 號則有顯著的差異；「亮島人」1 號不論是在頭部或是下顎，都有極為發達的肌脊線表現。「亮島人」1 號頭部肌肉發達特徵

顯著，亦反映在牙齒的高度磨耗現象上，顯示了在咀嚼機能上的高度需求。

　　「亮島人」1 號與「亮島人」2 號，顏面形態的表現上呈現出較多的差異性。其他方面的差異性，還包括兩個體年齡相當，皆約 30 歲左右；但在身高、牙齒磨耗形態、外耳道外骨腫、四肢骨的粗壯程度上，則呈現了相當顯著的差異。身高的表現上，「亮島人」2 號人的身高更是較「亮島人」1 號人高出 6-8 釐米之多。此一結果的可能原因，除了兩個體在不同的時間來到亮島上，兩者可能屬於不同的血緣群體？目前知道母系來源不同。同在亮島上生存，似乎在適應上的表現也有不同，究竟是環境產生了變化？或是在原居地的適應形態不同？也許能透過出土的生態遺留與人骨，結合體質人類學、DNA 分析、同位素分析方法等，以探究背後的可能因素，仍有待更多的研究。

五、「亮島人」牙齒的觀察與分析[9]

　　有關「亮島人」體質研究中，邱鴻霖曾經將他們的牙齒，除了進行標本基本的清理之外，並做了相當多的觀察與分析。

9　本節多參考並引用自邱鴻霖、陳仲玉、游鎮烽，2015：75-97。

(一) 牙齒的保守狀況

「亮島人」1 號出土時顏面破損狀況較為嚴重。上顎齒牙大多已不在齒槽上，散落於頭骨頸椎一帶，僅少數前臼齒、臼齒仍在上顎齒槽中。而下顎骨亦因土壤擠壓所形成之裂隙扯分為左右兩邊，門齒、側門齒散落（圖 48）。咬合狀態為剪狀咬合。從齒槽狀態判斷上下顎之遊離齒應皆為死後脫落。目前已經修整植入原齒槽。下顎前方齒列缺損了 5 顆牙齒之齒槽皆呈開放狀態，這些牙齒可能是在死後的埋藏過程中佚失，或是在死前不久脫落，透過放射光源 X 光進行齒槽、根管、齒根部的觀察發現，齒槽開放部位並未呈現吸收癒合狀態，X 光透視影像中發現「亮島人」1 號的齒冠狀況雖磨損嚴重，齒冠內部、齒根、根管內部並未發現齲齒或是肥大現象，除了牙槽有萎縮後退的情況之外，有部分埋於齒槽內的齒根已斷裂。此外，右上顎門齒於本研究中進行同位素化學成分分析使用。「亮島人」1 號整體齒牙保存狀況如下（圖48）：

右														左	
M^3	M^2	M^1	X	P^1	C	I^2	I^1	I^1	I^2	C	P^1	P^2	M^1	M^2	△
M_3	M_2	M_1	P_2	X	X	I_2	X	X	X	C	P_1	P_2	M_1	M_2	M_3

圖 48　「亮島人」1 號整體齒牙保存狀況（X 缺損△不詳）

　　「亮島人」2 號的牙齒保存狀況良好。除遭竊取回時前方齒列部分脫落，經修復後 32 顆牙齒全在齒列上。其中右上顎門齒於本研究中進行分析使用。咬合狀態較接近鉗狀咬合。

　　齒冠的型態特徵上，兩具「亮島人」的上顎中門齒與側門齒舌側緣，皆可觀察到鏟形門齒的特徵。鏟形門齒所指為門齒舌側面（或唇側）出現凸緣和凹窪（rim and fossa）而類似畚箕或鏟形。由美國人類學家 Hrdlicka 首先命名為 Shovel-shaped incisor。根據 Hrdlicka 的研究，發現此類門齒在蒙古人種中出現頻率甚高，並且邊緣脊也較為發達，因而認為是該種系一項明顯的體質特徵。[10] 在臧振華的研究中，也發現世界各種系族群中，蒙古人種鏟形門齒頻率顯然要比其他種系的高得多；其中又以北寒帶之愛斯基摩人、典型蒙古人種之蒙古人以及原居於亞洲北部之美洲印第安人等族群最高。因而可以推測亞洲北部可能為鏟形門齒原始而主要的分布地區。此外，由殷墟西北崗全組與世界其他族群鏟形門齒之比較，顯示安陽殷墟西北崗殷代頭骨應屬蒙古人種，而與現居於亞洲東南，尤其是中國大陸東緣島嶼上的若干族群相近。[11] 兩具亮島人的牙齒觀察皆顯示出鏟形門齒的特徵，發

10　Hrdlicka, 1920.

11　臧振華，1974。

育程度相當，可以藉此推論皆具有蒙古人種的牙齒遺傳特徵。

(二) 病理的觀察

「亮島人」1 號之上下左右有多顆犬齒冠與齒根皆僅存一半，為嚴重磨耗致，並伴隨嚴重的牙結石、齒槽膿瘍、穿孔已磨損嚴重。從磨損部位觀察，顯示該個體生前飲食磨耗所致。「亮島人」2 號齒列上所觀察到的病理現象，主要為齒槽後退與牙結石的沉積。相較其病理現象都輕微許多，兩者皆未發現齲齒。

大致上，兩者牙齒可見細淺條痕短，應該是咀嚼食物時所造成的磨耗；深寬條痕則較細淺條痕長，推測是功能性使用拉扯所致。而硬性磨耗痕可能是牙齒表面接觸堅硬物質導致的磨耗。根據磨耗程度的嚴重性，會從點狀逐漸擴大成面狀，甚至因為硬性損耗導致的崩缺，特別好發於兩具「亮島人」的小臼齒頰側面。顯然與用力啃咬的動作有高度的相關性，生活中啃咬動作的需求大。

(三) 牙齒的同位素分析[12]

碳、氮同位素分析法是有效且可知古人類個體生

12　邱鴻霖、陳仲玉、游鎮烽，2015：83-86。

前飲食內容的方法。此法廣泛被運用於史前考古學研究。$\delta^{13}C$ 碳同位素可以告訴我們植物資源的內容，而 $\delta^{15}N$ 氮同位素則告訴我們動物性蛋白質的來源。植物資源方面，C_3 類植物與我們日常生活關係密切的有稻米、小麥等，其$\delta^{13}C$ 值範圍為 -22 到 -30 ‰，平均值為-26 ‰。C4 類植物如玉米、小米、高粱等，$\delta^{13}C$ 值範圍為 -8 到 -14 ‰，平均值為 -11‰。CAM 類（Crassulacean acid metabolism，景天酸代謝植物）有鳳梨、甜菜、仙人掌、林投等適應乾旱環境的厚葉植物等，$\delta^{13}C$ 值範圍為 -12%到 -23 ‰，平均值為 -17‰。[13]

　　根據學者指出$\delta^{13}C$ 在人體的分餾效應（Isotope fractation）的規律加以推測[14]。「亮島人」送驗的兩件樣本所得資料，得「亮島人」1 號的植物主食來源為-17.9‰、「亮島人」2 號為-17.7‰，一般的做法會解釋為 C3 與 C4 植物的攝取幾乎相當，且 C3 植物稍多而 C4 稍少。然而，理論上自然生態中不應只有這兩類植物，特別是年代古老且環境適應上不利與技術上未達農耕的族群，衡量當時的亮島的古代環境，似乎難以想像「亮島人」有辦法均衡攝取這兩類的植物。因此，反映出攝取植物資源較為複雜的狀況，最

13　張雪蓮，2003。

14　Nikolaas and Vogel, 1978; Ambrose and Norr, 1993.

有可能的即為 CAM 植物與海生植物的數值範圍；估計亮島的古代環境中，這類的植物資源應該不虞匱乏。「亮島人」可能是季節性來到島上，回到原居地會有其他植物資源的攝取。即使牙結石澱粉粒分析，顯示他們曾經攝食來自大陸或大島的森林系殼斗科植物，其中也應該包括其他 C3 或 C4 植物資源的攝取。然而，可能也不是最主要的植物攝取對象。主要的植物攝食內涵還是與海島環境的關聯性高。[15]

　　關於氮的同位素分析，兩件「亮島人」分析樣本的δ15N（15N/14N）。「亮島人」1 號的測定值為+13.4‰，「亮島人」2 號為+12.4‰。人體骨膠原對於所攝取食物分餾效應的δ15N 值差別約為 3 ‰，換言之即是其攝食對象 3 ‰[16]高出許多。兩具「亮島人」的比值，均落入與海洋環境相呼應的合理的區間中，以海生魚類為主要的蛋白質來源。亮島島尾遺址群上厚厚的貝丘堆積，會讓人認為貝類應該是他們主要的蛋白質來源。然而，氮同位素的分析比值並未落入海生貝類的範圍，而是落入海生魚類甚至趨近海生哺乳類。說明「亮島人」氮同位素中，沒有反映出飲食內涵中攝取貝類的事實？如要分析這個問題必須建立起與人骨相關的區域內各類物種的氮同位素比較資料

15　邱鴻霖、陳仲玉、游鎮烽，2015：87-88。

16　Minagawa and Wada, 1984; Schoeninger and DeNiro, 1984.

庫，目前缺乏資料。在亮島島尾遺址出土的貝類為殼菜蛤科、笠螺科、鐘螺科、藤壺科、蜷螺科、牡蠣科等。這些當地貝的氮同位素比值區間，目前並無數目且並無數據可以比對。同樣的「亮島人」所攝取魚類的氮同位素比值區間也是如此。此外，海生魚類與海生貝類的比值區間較為接近（圖 49），也是在夏季。或許也可能因只反映較為偏重的一方，而未落入海生貝類的區間。並且，從「亮島人」所攝取的主要貝類種類觀之，飲食趨勢[17] 具有明顯的季節性，占最大量的殼菜蛤科的成長，在夏季 6-8 月最為豐碩，多蜷螺科與鐘螺。

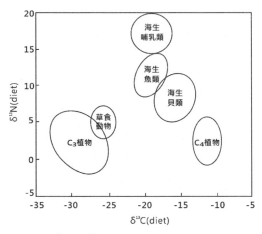

圖 49　以 $\delta^{15}N$、$\delta^{13}C$ 值，顯示「亮島人」飲食趨勢

17　改繪自米田，2002。

(四) 牙結石澱粉粒形態與土壤植矽石分析[18]

人類是雜食性動物，飲食的內容往往不只脂肪與蛋白質，也必須攝取包括植物性食材，以避免營養不均衡與消化不良所致的疾病。近年來，透過牙結石澱粉粒分析，史前人群飲食內容的研究日趨成熟，牙結石的研究得以迅速地發展。自遺址墓葬出土的人骨，採取牙結石進行植物微遺留分析，以重建該遺址人類飲食所攝取的植物種類。進而也可探討作物的傳播途徑與時間，或者是整個聚落內部經濟的活動情況、人群的移動；或是借著比較分析各時期人類牙結石中的細菌，以探討社會型態與牙齒疾病之間的關聯性。牙結石是一種沉積在牙齒上的無機鹽類。隨著人類飲食過程中，殘留在口腔的食物殘渣和口水中酶的反應產生無機鹽類，持續地沉積在牙齒上。時間久了，便會在牙齒和牙齦間逐漸堆積成鈣化的白色固體。因此牙結石當中，會包含人類所吃的食物殘渣，人類的口腔細胞、細菌等等。牙結石微植物遺留的分析，除了微植物遺留本身能夠反應其來源植物種屬的特性之外，更得以了解過去人類食材的種類，而且也可以反映個體的差異性。

人類的植物性飲食，常食用種實、根莖、葉片等

18　邱鴻霖、陳仲玉、游鎮烽，2015：92-97。

等。它們含有許多澱粉，有的還含有許多矽酸體。澱粉和矽酸體來自植物體內的細胞的遺留。不同植物的科、屬、種間的澱粉和矽酸體，其形態差異很大。很早就在植物學、藥物學的研究中，經常用來鑒別植物種類的特徵。是目前微植物遺留分析最主要的研究物件。

　　亮島的海島地理環境與礁岩淺海陸棚是優良的漁撈場所，而在植物資源上卻相當匱乏。以當代對亮島島上植物相的理解，亮島上因為花崗岩地質與強風不利土壤層堆積，相當不利如稻、麥與根莖類作物的栽培；僅有種類不多的如草本藜科的海芙蓉等短植被。「亮島人」在這樣的小島上，貝丘堆積中，反映有多樣的貝殼、魚骨遺留。可知海域的動物性蛋白質資源不虞匱乏。至於植物遺留大多闕如，致使吾人對於有關「亮島人」植物資源的利用，與生態環境適應上的關係並不清楚。

　　「亮島人」其時代人群的生活背景、生活型態，都是學者們關注的焦點。因此，這項透過分析牙結石中的矽酸體、澱粉粒，來推測「亮島人」的植物性飲食種類、食材的來源，並推測其飲食習慣等的研究，倍加重要。研究方法上，除了採取「亮島人」牙齒上的牙結石樣本，進行分析，也針對常見的、可能作為「亮島人」日常食用植物類別，蒐集現生植物的矽酸體和澱粉粒樣本，藉以比對。

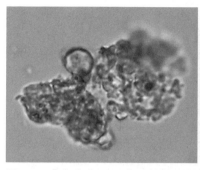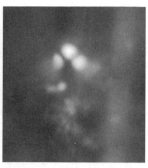

圖50　「亮島人」2號牙結石澱粉粒（左），偏振光視野之消
　　　光十字（右）

　　經過兩具「亮島人」的側門齒牙各自標本採樣，
其牙結石位置多半在唇側面，齒頸和齒冠根部間。分
析與觀察結果，僅從「亮島人」2號樣本當中觀察到
了一顆明確的澱粉粒，但未發現矽酸體。澱粉粒形狀
近圓形，大小直徑在7-8微米左右。經過與現生標本
的比對，很可能是來自殼斗科（Fagaceae）櫟屬
（Quercus sp.）的種實澱粉粒（圖50）。櫟屬為常綠
闊葉林，生長在亞熱帶中的低海拔山區。目前馬祖列
島並無櫟屬植物生長。亮島更是沒有喬木生長環境。

　　根據這項分析的結果有關「亮島人」的植物食
品：其一，自「亮島人」2號的牙結石中，觀察到櫟
屬種實澱粉粒，顯示了當時人群有食用野生堅果的食
性。採集周邊野果，可能是除了漁撈之外，另一項重
要的生業活動。只是，在「亮島人」1號樣本上還未

觀察到相關微植物遺留。因此，食用櫟屬果實是否為距今 8,300-7,500 年前普遍的食物，有待今後更多的研究。其二，由於目前亮島上並無殼斗科植物生長，這次發現的澱粉粒，來自土壤污染的可能性極低。八千年以前中國東南及臺灣海峽一帶，海平面較今日低下約 4-10 公尺，已如前文所述。又從閩南的深滬江河口古森林遺址的出土，王紹鴻等於 2001 年指出 8,000-7,000 年前，當時氣候應較今日暖濕。[19] 如依所述，則這次發現「亮島人」年代，當時氣候應較今日暖濕。[20] 如依所述，則這次發現「亮島人」曾食用櫟屬果實，也呼應這個氣候變遷研究的成果。

19　王紹鴻等，2001。

20　王紹鴻等，2001。

第六章 ———————————

「亮島人」
的DNA研究

　　人類本身體質的演化，有二項重要因素。其一，為人類體質本身的演進和變異；其二，為隨著時間及自然生態環境變遷而產生的演進。因此，研究人類演化史目的是找出過去在人類體質方面發生的種種事件；如人種的起源、族群的產生及其間的關係、遷徙、混合和族群規模等等的變化。但在實證或推測上都有其困難度，需要利用較好方法或技術去解讀過去的這些事件。目前人類遺傳學，已經應用模式建構方式，推測不同的人類歷史和利用人類歷史參數，尋找出最適合的模式，以預測人類演化史。因此在人類演化史上，除考古學外，需要進一步採集生物檢體（如DNA），應用生物技術以科學方法去探索鑑定，因而驗DNA已經成為界定人類演化史的重要工具。

一、人種遺傳學的理論基礎簡述

　　凡是生物（含動植物）均由細胞所組成。除了極少數的單細胞生物之外，其他生物皆由眾多細胞組成，人類亦不例外。一個細胞含眾多染色體（Chromosome），染色體是每個個體內細胞的原子物質。一條染色體相當於一組DNA，其全名為「去氧核醣核酸」（Deoxyribonucleic Acid）。由於存在於染色體上的雙股螺旋狀的DNA就是人類的遺傳因數，

透過對 DNA 之研究分析，可進一步了解生物遺傳之
特性。

　　人類演化史研究，除了考古學探索研究外，也應
用生物技術採集生物檢體的科學化鑑定。在生物技術
層面上，有很大程度是依賴單一基因學的研究，這種
方法具有強烈的科學性質，可能是解決相關問題的利
器；然而，目前尚無法配合語言學及考古學的推測。
最主要的癥結，在於演化基因學的研究方法與技術須
再改進，目前主要的研究皆以現代人為樣本，缺乏古
DNA 材料之探討，則缺乏演化直接證據。基因體僅
檢測部分序列如高突變區，容易以偏蓋全；基因突變
率，是以人類與黑猩猩分開約六百萬年為基準，用來
回朔近期內現代智人與現代人的演化，結果一定有誤
差。

　　最近人種演化基因學方法與技術有很大突破：主
要是獲得考古學者配合，在其挖掘人體骨骼時，謹慎
處理有效的古 DNA 採樣。在新石器時代之古 DNA
萃取技術已有改進，包括超微量萃取及污染問題皆已
克服。全粒線體及廣泛體染色體 DNA 解序成功，組
成完整的單倍群（hyplogroup）及單倍型可供譜系分
析。根據古 DNA 碳 14 定年，再以 Bayesian 方法，
重新估計粒線體（mitochondrial）全序列突變率，結
果比以前估計快上一倍。使用修正之粒線體突變率，
以重建基因體譜系演化較為精確，也可以了解地理位

置之相關遷移路徑。利用這些改良的演化基因學方法
與技術，重建譜系族群的歷史。[1] 又以 DNA 中的基
因粒線體（mitochondrial DNA, mtDNA）與 Y 染色體
（Y chromosome），在相互比較之下，全基因組資料
（包括體染色體及性染色體）提供許多獨立的訊息，
解讀人類演化史。因此，該技術配合 DNA 粒線體定
序，應用於生物檢體上，較準確而完整地解讀人類演
化歷史。這點就是 DNA 研究的重要性。而全球已經
有不少研究人類遺傳學的學術機構，可以很成熟地使
用這項技術。

二、「亮島人」DNA 研究的合作者

在發現「亮島人」頭蓋骨之初，作者即為萃取
DNA 研究工作做了準備與規畫。因而，不論是在田
野發掘時，或是人骨清理的過程，已為避免人骨受到
人為的污染做了相當的防範。而在兩具「亮島人」骨
骸出土後，由於年代久遠，「亮島人」1 號距今約
8,300 年，「亮島人」2 號距今約 7,500 年，必定要尋
覓一所研究機構合作。經過多方的尋覓和慎重地考
慮，最後承臧振華院士的介紹，得知在國內 DNA 研

1　葛應欽、Albert Min-Shan Ko，2014：107。

究的專家中，中國醫藥大學葛應欽教授的經驗豐富。
葛教授亦長期與德國馬克斯、普朗克人類演化研究所
（Max Planck Institute for Evolutionary Genetic, MPI）
的史同京（Mark Stoneking）教授合作。研究關於種
族分歧及族群起源等課題，史同京並且是「現代人類
出非洲」理論的創始者之一，已有多篇論文共同發表
於如：《科學》（Science）、《自然》（Nature）等國際
頂尖的科學性期刊。MPI 是一間國家級的大機構，
分支研究組一百多處分散德國各地。作者就決定請葛
教授協調合作之事。「亮島人」DNA 研究計畫，決定
由葛應欽教授為計畫協調人。經過葛教授與 MPI 的
史同京教授聯繫與雙方的協商，就由史同京教授與我
們合作，於 2012 年 10 月底簽訂備忘錄。

　　依照史同京教授的要求，我們自「亮島人」1 號
骨骸中選取三件標本。初次於 2012 年 11 月 18-25
日，由葛教授夫婦陪同作者，前往位在德國萊比錫的
MPI 人類演化組。作者與葛教授去訪問時，並為該
組的研究群做一場簡報，以敘述亮島島尾遺址的發掘
和「亮島人」1 號出土的經過，經過熱烈地討論後，
他們對於「亮島人」1 號的出土與年代學上的證據有
了初步的了解。負責與我們合作的史同京教授經初步
討論之後，單獨又作了一次工作設計的討論。其時
「亮島人」2 號尚未發現，當第二具「亮島人」於
2012 年 7 月間發現出土之後，DNA 萃取的研究計畫

就一併執行。

三、「亮島人」DNA 研究

　　「亮島人」1 號骨骸取樣送檢驗的事，最初 MPI
要求選取一根腿骨，一塊腳指骨和一顆牙齒，共三件
標本。初次訪問 MPI 時，即由史同京接待我們，參
觀實驗室儀器等設備，以及討論萃取 DNA 的工作。
其時大家均很期待著初步的成果。果然在我們離開萊
比錫之前，得到告知送去的三件標本中，有一件指骨
萃取得 DNA，其餘的兩件標本雖然檢體不足，但一
件萃取到即算成功。三件標本僅在取樣時，受鑽孔或
挖洞的微傷，在我們回國時一併收回。

　　「亮島人」1 號粒線體 DNA 萃取成功，屬 E 單倍
群。[2] 該單倍群的始祖是 M 單倍群，自從出非洲以
後，在中東往南亞沿海，到達印緬與中國西南的雲貴
高原，一路擴散。自雲貴高原之後，往北進東亞大陸
向西、北、東三個方向擴散。在其擴散之間，往北的
一支最遠者經西伯利亞（圖 51），甚至到達美洲大
陸。往東支分化出 M9 單倍群，大致分布在中國大陸
南方與東南方一帶。M9 單倍群又在大約距今 9,000-

2　陳仲玉，2013：19-21。

8,000 年間，分化出 E 單倍群，分布在中國東南的沿
岸島嶼間。而具有 E 單倍群的族群，如今於中國大
陸已見不到。可能是因為來自北方，挾帶著具有強大
的文化力量的漢族南下。他們不是被融合同化，就是
被驅往海外。

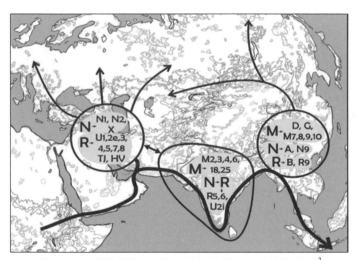

圖 51　M 單倍群與 N 單倍群的子代，各分支單倍群[3]

　　「亮島人」1 號 DNA 萃取成功之後，給了研究者
很大的信心。就在 MPI 正在進行 DNA 研究計畫時，
馬祖亮島考古隊又在田野發掘工作中，出土了「亮島
人」2 號。依照 MPI 方面的要求，再送「亮島人」2

3　Metspalu, M.et al., 2004.

號的 1 件指骨，其 DNA 撿測的結果，也成功地萃取
得粒線體 DNA，屬 R9 單倍群。該單倍群的始祖是 N
單倍群，自從出非洲以後，分化出 N、R 二單倍群，
嗣後各又分化出往北的 N、R 二支，進入歐洲與歐亞
大陸；分化出往東的 N、R 二支，在中東與 M 單倍
群走相似的路線，往南亞沿海，到達印緬與中國西南
的雲貴高原；之後往馬來半島、中南半島、海南島擴
張而入海，往南海與太平洋擴散（圖 52）。「亮島人」
1 號與「亮島人」2 號的 mtDNA 序列萃取成果，是
目前亞洲大陸東南一帶古粒線體 DNA 中，最完整且
年代較早的兩筆資料。

　　關於單倍群 E 是東亞大陸常見的母系單倍群
M9，主要是分布在青藏高原。廈門大學郭建新研究
群，見其支系 E1 和 E2 廣泛分布在台灣、東南亞島
嶼地區和大洋洲地區的古今人群中。並且，通過與台

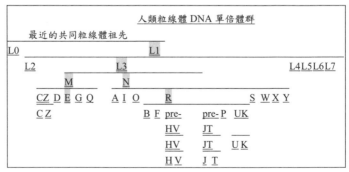

圖 52　人類粒線體 DNA 單倍體群

灣原住民及菲律賓、印尼人群的線粒體全基因組序列
比較發現，「亮島人」1 號與台灣原住民族群的單倍
型變異點距離最近，也支持南島語族的大陸起源和出
台灣學說。因而，提出「南島語族—壯侗一體」的起
源」說。即使「亮島人」2 號線粒體單倍群 R9 存在
於現生台灣原住民邵族和華南大陸的傣、苗、瑤族，
與現代華南壯侗語人群，和南島語人群具有緊密的關
聯，證實包括台灣原住民在內的華南土著族群的一體
性和大陸起源性。都存在著與原南島語族有相同母系
血緣的土著始祖人群，具有明顯的海洋性擴張性，遊
走於大陸東南沿岸海島之間。[4]

　　「亮島人」1 號是男性，他的 Y 染色體單倍型類
群也已經檢測為 O1a。[5] 人類的祖先出非洲後，經中
東到達中亞發展出 M9 的 YSNP。M9 向東到達東亞，
在 M9 上分別發展出 M119、M95 及 M122（YSNP），
形成 3 群屬 O 的包含 O1*、O1a 及 O1b 父系血緣。
O1a 主要分布於東亞、西伯利亞、中亞和東南亞，特
別分布於南島語系印尼語人群、卡岱語人群、羌族和
漢族。[6] 台灣原住民主要屬是 O1*–M119 群父系血

4　郭建新等，2022（3）。

5　Ko, Albert Min-Shan, 2016.

6　葛應欽、Albert Min-Shan Ko，2014：107。

緣，如泰雅族頻率高達 98%。[7]

　　因此，透過對「亮島人」的 DNA 的研究成果，了解在七、八千年前中南半島、島嶼東南亞、台灣等地的原住民，與中國大陸東南沿海一帶「亮島人」族群已存在血緣上的關聯性。這論點也符合台灣考古學上的證據。台灣舊石器時代的長濱文化與所有新石器時代文化之間，有一不毛地層現象，兩地層並無承襲關係。台灣本島被認為可能與現生原住民有關的新石器時代諸文化，其年代均未早於長濱文化。意味著其時的人群，均是先後數波自島外而來，到台灣之後，多停留而孤立在小區域，居住在內陸者，不再外移。他們都是同屬南島語族系的眾多方言群，直到現今。

四、從「亮島人」DNA 看與台灣原住民關係

　　從兩具「亮島人」骨骼 DNA 研究成果，史同京就在他報告中，提出他對「亮島人」與台灣原住民的關係的看法：

1.　「亮島人」1 號部分：

　　(1) E 單倍群主要分布在台灣原住民、菲律賓、印

7　林媽利等，2001。

尼等地，目前在中國大陸、中南半島皆未見。

(2) 顯示「亮島人」1 號與台灣原住民單倍型變異點距離最近為 4 點，且具有 E 單倍群之根系譜，如 Ela、Ela1，與印尼或菲律賓距離至少 5 點以上。[8]

2. 「亮島人」2 號部分：

(1) 「亮島人」2 號 DNA 檢測為 R9 單倍群，該單倍群在台灣原住民中，主要發展為 R9b 及 R9c。

(2) R9b 在台灣鄒族約有 4%，其他各族相當稀少。

(3) R9c 在台灣鄒族最高達 20%以上，也存在布農、卑南及魯凱族。

(4) R9c 又發展成 F 之單倍群系譜，在台灣原住民（>25%）、菲律賓、印度尼西亞、馬來西亞皆有之（約 10%）。甚至漢族、傣族及苗瑤族也有一定頻率（約 10%）。[9]

由於有了這樣的檢測結果所提供的證據，因而史同京在報告中，有以下的論述：「釐清原南島族之起源，且可上推至 8,300 年前，並與南島語族分化前的母系血緣共祖」，……亮島或福建沿海地理位置距離

8　陳仲玉，2013（附錄一）。

9　陳仲玉，2013（附錄二）。

　　台灣最近，可順洋流及海風進入台灣、福建沿海明顯為已知南島語族母系起源地。」[10] 他在最近與作者的聯繫中，還在強調「亮島人 1 號的 E 單倍群譜系，提供了中國大陸和台灣之間的聯繫：他是在台灣和島嶼東南亞其他地方發現的 E 單倍群的祖先，並且是目前最接近來自中國南方發現的 E 單倍群譜系（M9）。所以作者認為亮島人 1 號的單倍群確實表明了與中國的關係。」[11] 有關原南島語族起源地的問題相當複雜，將於下文第九章中有更多的論述。

10　陳仲玉，2013（附錄一）。

11　史同京私人對此書的評論之一。

第七章

從人種遺傳學探討「亮島人」之種屬

　　人類得以生存，主要是依照其所處的自然生態環境，運用能取得的自然資源，而產生不同的生存之道。也因地理位置、環境、資源等因素，以及生存之道之不同、產生不同的族群及不同之文化。亮島人約於 8,300 年前出現於馬祖列島中的一個小島，依其自然環境及賴以為生業型態，應屬海洋族群。

　　兩具「亮島人」的骨骸經過 DNA 分析結果，不論「亮島人 I」（男性）的 Y 染色體與單倍群或「亮島人 2」（女性）的單倍群，均與台灣的某些原住民族群有血緣關係。因此，本章從種族遺傳學的觀點來討論兩個「亮島人」的種屬，以及與東亞族群的關係。

一、更新世的東亞人種

　　人類是地球上最高等的動物，其智力的增長，讓人類成為世界的主導者。因而即使地球上，各地具有不同的生態環境，但人類生活在其中，會各自取用不同的資源，適應各種不同的自然環境，因而產生出不同種群與眾多不同的文化。

　　20 世紀以前，體質人類學者常以人類身體的膚色、髮質、髮色、臉型結構等的若干不可缺的特徵劃分人種，如：尼格羅人種（Negroid）、高加索人種

（Caucasoid）、蒙古人種（Mongoloid）、尼格里陀人種（Negritos）等。但 1960 年代以後，興起人種遺傳學，以尋求了解人類遺傳的過程機制。由於生物體中的 DNA 是遺傳資訊的攜帶者，[1] 人種遺傳學的研究基礎就在 DNA 資料，並且以種群（population）、特徵線（cline）等概念來研究人類內部的差異。這學門發展到 1990 年代以後，應用基因體學（Genetics）以及分支系統學（Phylogenetics）研究數據和模式，使學界對人類起源有了新的認識，使一些科學家轉而用世系而非特徵來定義人類種群的劃分。[2] 2022 年諾貝爾醫學獎得主帕博（Svante Pääbo），在他主導的德國馬克斯、普朗克研究所實驗室中，各萃取得尼安德特人（Neanderthal）和丹尼索瓦人（Denisovan）的 DNA 單倍群和 Y 染色體。他參與的一支考古隊曾在西伯利亞洞穴發掘出一具大約 9 萬年前的女性骨骸，以基因組分析，證實是一半尼安德特人和一半丹尼索瓦的血統。這是科學家們第一次確定了一個古老的個體，其父母各屬不同的人類種群。[3] 可見這學門的研究方興未艾。

　　全球的人種，起源於更新世的非洲。至今已發現

1　Hershey AD, Chase M., 1952.

2　Wikipedia: Race (human categorization).

3　Warren, Matthew, 2018: 417.

大約 1.5Ma（百萬年）前的直立人（Homo erectus）
有 9 具樣本，其中 1 具（Homo erectus ergaster）在非
洲，其他 8 具從非洲遷徙到歐洲和亞洲。[4] 在歐亞大
陸 6 具中，有 4 具在東亞大陸的中國境內。如最早的
元謀人（Homo erectus yuanmouensis），約有 2Ma 以
上，次為藍田人（Homo erectus lantianensis），約
1.6Ma，北京人（Homo erectus pekinensis），約 0.7Ma
等。另外出現在東南亞的爪哇島有 2 具，爪哇人
（Homo erectus）1.6-0.5Ma 和蘇祿人（Homo erectus
soloensis），約 0.546-0.143Ma。[5] 人類學者對於自直
立人進化到現代智人（homo sapiens）的起源，一向
就有多地起源與單地起源的爭論。爭論的重點就是：
直立人是否是在非、歐、亞三洲各自同時進化為智
人，還是智人在非洲進化之後，離開非洲並取代了歐
亞二洲的直立人。兩種模式的不同，也導致了各自對
種族起源問題解釋上的不同。多地起源說的學者認為
現代人的起源可以追溯到更早的時期，約 200 萬年以
來的所有人類都屬於同一物種，現代人只是這同一物
種下的一個群體。而且指出多地起源，如中南歐洲以
及東亞、澳洲等地的生化與解剖人種學紀錄的延續
性，證明了其基因親和性。更何況人類內部顯著的基

4　　Cela-Conde, Camilo J.; Ayala, Francisco J. 2007: 195.

5　　Wikipedia, "Homo erectus, subspieces"條。

因相似性，並不表示他們有共同的祖先，而是反映了世界各地人類群體之間，互相聯繫所造成的不間斷的基因流。[6] 其實這派學說也有其道理，只是須要更多樣本與研究。由於在歐洲與亞洲直立人出現的樣本 8 具，其中有一半出現在中國境內，因而就有中國學者贊成這學說。[7]

關於贊成「多地起源說」的中國學者，如吳新智、高星等研究群，認為這理論的形成，及其針對中國的材料進一步發展，有其深遠的歷史根源。[8] 1930-40 年代，魏德瑞（Weidenreich Franz）根據出土於北京周口店的北京人頭骨化石的形態研究，指出北京人與現代蒙古人種之間有一系列共同的形態特徵。主張兩者之間有親緣關係[9]。人類進化可能存在 4 條世系，分別發生在東亞、爪哇加澳洲、歐洲和非洲。由於當時可供研究的化石很少，其間存在著很長的演化缺環。然而 1950 年代在資陽、丁村、長陽、柳江、馬壩相繼發現不同時代的人類化石。吳汝康等指出他們在一定程度上，填補了北京人之後很長的演化鏈

6　A. G.Thorne, M. H. Wolpoff, 1992.

7　高星、張曉凌、楊東亞、吳新智，2010（9）：1288。

8　吳新智，現代人起源的多地區進化說在中國的實證。

9　Weidenreich Franz. 1939, 19: 1-1108; Weidenreich Franz. 1943, 10:1-485.

環。1959 年他和合作者在這些材料的基礎上，論證
了中國遠古人類體質演化上的連續性。即本土人類連
續演化，古老型人群在體質形態特性和認知行為兩方
面逐漸演變成現代人群。其間與來自西方、南方的其
他現代人群有過融合與基因交流，但本土人類一直居
於主體地位，外來人群起到一定程度的改造作用，但
沒有發生整體的替代現象。[10] 因此，湯普敦
（Templeton Alan R.）認為現代中國人起源與人類演
化的區域性多樣化模式，對早期人類產生影響。但這
種影響不是簡單的取代，而是更可能與當地本土人群
的融合，因而使得世界各地人群之間的遺傳聯繫得以
加強。而且，這種影響並非一定是單向的，人群從歐
亞大陸向非洲遷徙的可能性在理論上並不能排除。[11]

　　多地起源說目前僅由少數學者支持。至於單地起
源說，即是「出非洲說」（Out of Africa hypothesis）
的理論，始於 1970 年代。普洛奇（Protsch Reiner）
與豪威爾斯（Howells, William W.）根據當時在非洲
發現的晚更新世古人類化石的推測，認為非洲是現代
人類的發源地，並進而向世界各地擴散。[12] 到 1987
年康恩（Cann Rebecca L.）等發表的一篇論文〈線粒

10　Wu Rukan, Cheboksarov N N., 1959.

11　Templeton Alan R., 2002.

12　Protsch Reiner., 1975(4): 279-322; Howells W. W., 1976(5): 477-495.

體 DNA 與人類的演化〉，才算是提出這理論，也產
生廣泛的影響。康恩等三位分子生物學家，他們選擇
自 5 個地區，即非洲、亞洲、高加索、澳大利亞和新
幾內亞的女性 147 人骨樣本分析，得出兩點認知：
1. 現代非洲人群，比其他大洲人群具有更豐富的遺
傳多樣性。說明現代非洲人是一個相對古老的群體。
比其他地區人群，擁有更長的積累粒線體遺傳變異的
時期；2. 利用其粒線體 DNA 序列建構的系統發生
樹。顯示出非洲人位於樹的根部。所分析的人群形成
兩大分支，一支僅包括非洲人群，另一支則由非洲人
和其他人群共同組成。進一步說明世界其他地區的現
代人，起源於非洲。如假定在人類進化史上保持恆定
的前提下，並且計算出所有現代人類的共同祖先，存
活於距今 14-29 萬年前，其後裔可能在距今 9-18 萬
年前走出非洲，而向世界各地擴散。[13] 這篇論文的提
出，才將「出非洲說」理論，產生廣泛的影響。[14] 認
為現代人的起源是晚近的，現代人約 5 萬年前出現；
約在其時走出非洲的人，完全取代了其他地區的人
類。5 萬年前走出非洲的人並沒有完全取代其他地區
的早期人類，這些早期人類原本也是起源非洲，而是

13　Cann, Rebecca L., et al.,1987.
14　高星、張曉凌、楊東亞、吳新智，2010：1288、1289。

與早期人類有基因交流共同塑造了現代人類。[15] 雖然
至今現代智人已遍布全球各地，然而東亞與東南亞地
區的族群仍然是全球人種最複雜的地區。有關人類多
地起源學說，本書不多做討論。基本上，作者傾向於
單一的「出非洲說」。這章主要是以人種遺傳學的訊
息探討「亮島人」的種屬。

二、新石器時代以來的東亞現代人種

　　所謂「東亞」大致以烏拉山脈，接壤喜馬拉雅高
原，向東延伸到歐亞大陸東部，再向南途經島嶼東南
亞、澳大利亞、新幾內亞、至波利尼西亞最遠的區
域。地域遼闊，涵蓋範圍廣泛，環境複雜，從永久凍
原到熱帶雨林。地理區域範圍也從高山到海平面區
域，周圍有各種水體，並流動進入島際區域。涵蓋了
各種各樣的環境、民族、文化和語言。[16]

　　東亞的遺傳史在人類種族史中，發揮了重要作
用，不能將任何地理區域做孤立地考慮。因為，自古
至今進歐洲與亞洲各地的種群，都來自非洲。最早的

15　吳新智，2005（4）：259-262。

16　Stoneking, et al., 2010.

直立人，至少可以追溯到 1.6 百萬年前。[17] 至於現代
的東亞人，自非洲而來的最初定居種群，會因地因時
而不同，主要擴張的路線也有南線與北線之分。約在
50-60（kya）千年前，最先的一波群體先走南線，[18]
穿越沙特阿拉伯和印度沿海和島嶼東南亞，最終到達
巽他，連接澳大利亞─新幾內亞等地擴張。其次的一
波約在 15-50 千年前，有自喜馬拉雅山脈以北之間擴
張。約在 15 千年前，有說漢藏語者，向印度東北部
擴張至西伯利亞東部，再通過白令海峽，殖民美洲新
大陸。所有現生的東亞種群，大多是在 5-6 千年前來
自非洲的。他們遷徙的路線，也分南線與北線，有如
最近自非洲進出歐亞大陸西部的移民，通過南北絲綢
之路。以及始於 6 千年的南島語族，從台灣經菲律賓
和印度尼西亞，最終到達島嶼東南亞和大洋洲美拉尼
西亞、密克羅尼西亞、波利尼西亞，甚至東非的馬達
加斯加島。[19]

　　依據人種遺傳學分類，現生在東亞種群，則僅有
絕大多數為主體的東亞人族群和弱小的尼格里陀族群
兩種。東亞人即是傳統所稱的「蒙古種人」。這族群
的起源於南亞中部和歐亞大陸中西部，大約在 15-18

17　Ciochon, R.L., and Bettis, E.A., 2009.

18　Stoneking, et al., 2010.

19　Stoneking, Mark, 2010.

千年前，更新世最後一次冰川高峰期之後，自北線進入中國西北部。[20] 如果以東亞人口最多的漢藏族來說，就有北印度、中國西南／藏和中國北方的三種起源假說。[21] 其實，東亞大陸的面積廣大，古人類自非洲進入中東與印度半島，往南或往北都有可能；只是地形、氣候與時機等因素的考量。東亞人整體上可以區分出南方、北方兩大古老祖源（ancestry），[22] 由於地理環境的因素，兩群體又有內陸與沿海之別。

　　關於尼格里陀族群，是早期來自非洲的擴張者。他們的祖先，早在 50-60 千年前，自非洲來到遙遠的東亞，沿著海岸，遠者深入新幾內亞和澳大利亞。他們未與後來者相接觸，血統中未曾滲入全新世的基因，以致生育不繁，族群不盛。又因緊守著狩獵採集的生活方式，不事農耕，以致落為弱小的族群。現生在印度洋安達曼島、馬來西亞的 Senoi[23]、Semang、菲律賓北部和南部的黑人群體和澳大利亞等的土著狩獵採集者，均是他們的後裔。依照史同京的看法，那些現生的尼格里陀是因為找到了「避難所」（refugia）

20　Zhong, Hua, et al., 2011.

21　He, guang-lin, et al., 2022.

22　Wang Tianyi, 2021.

23　Farhang, 2010.

的生存者。[24] 松村博文（Hirofumi Matsumura）2019
年發表〈顱骨所顯示史前人類在東亞的擴張〉一文
中，說東亞史前時代有二層人種。他所謂的第一層，
「奧─巴」（Australo-Papuans）人種，除了上述馬來
西亞、菲律賓、安達曼和澳大利亞等地的現生尼格里
陀種群之外，在更新世晚期，如：周口店山頂洞（中
國北方）、柳江（中國南方）、港川、白穗–新根原
（日本）、Tam Pa Ling（老撾）、Moh Khiew（泰國）、
Tabon（菲律賓）、Niah（馬來西亞）、Wajak（印度
尼西亞）等，以及中國華北的田園洞；華南的柳江、
甑皮岩、亮島（指「亮島人 1 號」）、奇和洞、高廟
等遺址出土的史前人類。[25] 此外，也許是因為松村博
文沒取到在中南半島越南一帶的賀平人
（Ho`abinhian）樣本，在他的論文中，只在一張圖中
出現。大多數學者們認為，賀平人也是尼格里陀的後
裔。有的學者認為在中南半島包括馬來半島與尼格里
托種群相關的族群，如賀平人也波及廣西一帶。[26] 東
亞人種遺傳學的研究中，賀平人相當重要，經常被提
到。

　　其次，現代東亞的種群，不論是約在 50-60 千年

24　Stoneking, Mark, 2010.

25　Hirofumi Matsumura, et al., 2019.

26　Wang Tianyi, 2021.

前最先的一波人群，從非洲遷徙到歐洲和亞洲群體，或是在 5-6 千年前，大概是最後一波來自非洲的移民，他們遷徙的路線，都分南、北二線。因而東亞大陸的東亞人族群就有南東亞人與北東亞人之分。更何況人類有一特性，就是遺傳漂流（也稱「基因漂流」，gen flow），是變異基因從一個種群到另一個種群的轉移。因此，族群的移動、東西南北串流是很自然而頻繁的現象，不過尤以從北向南的情況較多。[27] 使得南東亞人有更大的遺傳多樣性。由於東亞南北兩大祖源的分布和地理密切相關，偏向南方祖源的現代族群，包括位於中國西南部和東南亞的南亞語族（Austroasiatic）、卡岱（Kra-Dai，即壯侗）族和南島語族（Austronesian）。偏向北方祖源的族群，有韓國人、日本人、蒙古人、通古斯語族，另外還有吐蕃人（西藏）也算是北方群體。至於現代的漢族則介於這一大群人之間。[28] 如果再加上東南亞經過多重的種群血統的混合，更使得東亞地區的族群極為複雜。

27　He, Guanglin, et al., 2022; Yang, Melinda, et al., 2020.

28　Wang Tianyi, 2021.

三、「亮島人」的種屬

　　自從「亮島人」1 號與「亮島人」2 號被發現以後，有關兩個「亮島人」DNA 研究有了具體而良好的成果，在前章中已經敘述。屬於母系血源的單倍群分析顯示，「亮島人」1 號為 E 單倍群，而「亮島人」2 號為 R9 單倍群。因而充實了在東亞大陸東南沿海地區，新石器時代早期人種遺傳學資訊的缺環。並且，「亮島人」1 號與「亮島人」2 號其年歲 8,300B.P. 與 7,500B.P.，相差約 700 年，再從粒線體 DNA 看來二者屬性不同，顯然各屬兩種不同的族群。

　　最早提出有關兩個「亮島人」種屬的意見者是史同京。他的兩篇「亮島人」DNA 檢測成果報告中，有關「亮島人」1 號，有與南島語族相關的論點：「亮島人」1 號與台灣、菲律賓、印尼等地的原住民有母系血緣關係，而與中國大陸、中南半島無關。釐清原南島語族之起源，且可上推至 8,300B.P. 並與南島語族分化前的母系血緣共祖。福建沿海明顯為已知南島族母系起源地。[29] 關於「亮島人」2 號母系血緣與傣族及鄒族最接近；與中國大陸、苗瑤族以及在菲律賓、印尼、馬來西亞的南島語族可能相關，而與漢族

29　Stoneking, 2014；本書附件 1。

相當疏遠。[30] 依據史同京對於兩個「亮島人」種屬的意見，他們都是東亞人，但與現生的漢人相當疏遠。（圖 53）

近年來兩個「亮島人」的資料經常被討論與引用。其實，關於東亞人的種屬，如就大種群來分辨，只有在東亞人和尼格里陀人中二選一。松村博文是將「亮島人」1 號歸屬第一層，「奧—巴」（Australo-Papuans，尼格里陀）人種，已如上述。其他認同《二層論》的學者，如貝爾伍德認為「亮島人」1 號可能與越南的 Co Con Ngua 人同類。[31] 這人種如依據松村博文，是歸在第一層「奧—巴」人種。然而，大多數的學者都將兩個「亮島人」歸屬為東亞人。譬如那諾（Nano, Nagle）認為兩個「亮島人」與尼格里陀種群都沒有血統混合的現象，而是在北東亞人與南東亞人之間。[32] 洪曉純與張弛則是以文化譜系著眼，認為「亮島人」1 號有可能與高廟–頂獅山這類文化有較強的關聯性，而「亮島人」2 號則不知是否與其同時期長江下游的族群有所關聯。同時也說這兩者很可能來自不同的文化譜系[33]。

---

30 Stoneking, 2014。本書附件 2。
31 Bellwood, 2014: 53.
32 Nano, Nagle, et al., 2017.
33 洪曉純、張弛，2014：286-287。

　　最近原是 MPI 史同京「亮島人」研究群之一，現在北京古脊椎動物與古人類研究所任職的傅巧妹，由她所主導，包括作者在內的研究群，於 2020 年 4 月在《科學》（Science）雜誌發表〈古代 DNA 所顯示華北與華南的人群遷移和混合〉一文。[34] 研究群採用約在 9,500 年到 300 年前，生活在東亞大陸北部、南部（包括臺灣海峽亮島）的 26 個古人類標本，進行基因組測序。通過對不同群體的基因進行主成分分析，並與已有的古代和現代人 DNA 資料做對比，以研究東亞人群的基因歷史。顯示自新石器時代以來，過去的遺傳分化高於現在，也改變了中國南部的遺傳血統。反映出東北亞血統擴展到東亞南的事實。從新石器時代臺灣海峽島嶼與東南亞的樣本，支援了原南島語族的中國南部血統。新石器時代沿海群體，從西伯利亞和日本到越南之間的遷徙和基因漂流，在亞洲沿海史前史中，扮演了重要角色。

　　其次，華南和東南亞之間，人類遺傳的多樣性和遷徙情況，傅巧妹的另一研究群，最近以來自華南（廣西和福建）的 31 個古基因組測序，其中包括 2 個 12,000-10,000 歲的個體，代表了序列華南最古老人群。東亞血統的深度分化，在廣西地區持續了至少到 6,000B.P.。發現 9,000-6,000 歲的廣西人群是當地

34　Melinda A. Yang, Qiaomei Fu, et al., 14.05.2020.

血統，明顯帶有華南祖性的福建樣本，已是古華南血統的混合體。他們與東南亞賀平人狩獵採集者有深厚的亞洲血統關係。顯然該地區早在農業出現之前，直可追溯到 1,500 至 500 年前，廣西人群與講泰語和苗族語的人密切相關。其研究成果顯示華南是東亞和東南亞十字路口，三個不同祖群之間密切的互動。[35]

　　東亞人的祖先們對東亞族群有高水準遺傳的影響，是從北向南的走向漂移。在包括古今亞洲人的主成分分析，所有自新石器時代的東亞人群，主要都擁有東亞人的血統。其中包括現今西藏和西伯利亞東部，以及新石器時代南部東亞人、東南亞與在西南太平洋的南島語族具有高度的遺傳相似性。他們始終比沿海和內陸的新石器時代東亞北部地方擁有更密切的遺傳關係。整個東亞和東南亞沿海地區都可以觀察到人群之間，沒有遺傳隔離的現象。尤其是沿海地區並不孤立，而是相互聯繫和基因流動的區域。這表明在亞洲的史前時代，沿海一帶與海洋相關的環境間，起著相互重要作用。[36]

35　Tianyi Wang, Qiaomei Fu, et al.,; Cell 184, 3829-3841, July 8, 2021.

36　Melinda A. Yang, Qiaomei Fu, et al., May 14, 2020.

圖53　「亮島人」頭骨與頭部復原展出1號（左），2號（右）[37]

　　此外在前文提到，而且值得注意的是Y染色體單倍型類群。M9自中亞發展而出，向東到達東亞又分別發展出M119、M95及M122（YSNP）形成3群屬O的包含O1*，O1a及O1b父系血緣。「亮島人」1號即屬其中O1a，該單倍群主要分布於東亞、西伯利亞、中亞和東南亞，特別是分布於南島語系印尼語人、卡岱語人、羌族和漢族。台灣原住民則主要是屬O1*-M119群父系血緣，如泰雅族頻率高達98%。而單倍群O1a-M119及其支系在華南和東南亞大陸沿海和島嶼南島語族、壯侗語族和漢語族人群中都有較高頻的分布。下游支系O1a1a-P203和O1a2- M110是在台灣原住民和東南亞島嶼的南島語人群中都有高頻分布，在壯侗語人群和馬來人群中也高於東亞其他族

37　在馬祖民俗文物館考古學陳列室展出（2019年6月）。

群，分別約占 20.5%和 21.2%。[38] 染色體在解析東亞現代人源流史中，起到了重要作用。儘管有許多問題仍有待探索，但史前遷徙過程的基本框架已經明晰了。從東亞發展而出的 C、D、N 和 O 四個單倍群，占到東亞男性 90%以上，很可能起源於東南亞，隨澳大利亞人、尼格利陀人和蒙古種人這三種不同體質特徵，經歷了三次大的遷徙浪潮。[39]

38　郭健新等，2021。
39　李輝，2014。

第八章

從體質與文化人類學探討「亮島人」之種屬

一、從顱骨形態學探討「亮島人」之種屬

　　人類形態學（human-morphology）中，顱骨是很關鍵部位。因此亦可以從顱骨形態學（cranio-morphology）的研究，探討「亮島人」種屬問題。亮島考古研究群的邱鴻霖，藉由兩具「亮島人」顱骨的各項測量資料[1]，再將其測量資料與指數，分別置入近代與古代的族群資料中，進行群聚分析。特別蒐集包含台灣原住民族群，以及台灣周邊南島語族相關的近現代族群，包含菲律賓 Aeta 與 Tagalog 的群體的資料，加以比較其顱骨形態上的親疏關係。發現與「亮島人」具有群聚關係者，多為使用南島語的族群。[2]其分析對比群體之測量數據，主要採自日本人金關丈夫在 1952 所發表的論文〈台湾居住民族を中心とした──東南亜諸民族の人類学〉與鈴木尚等在 1982年所發表「港川人」男性的顱骨測量數據，以及李匡悌於 2004 年所發表的近代新竹台灣人顱骨測量數據。繪製成人種譜系圖 10。[3]

　　由以上的群聚分析方法，初步得到幾個觀察點：

1　測量基準依據 Martin R, Saller K. 1957, *Lehrbuch der Anthropologie*. Stuttgart: Gustav Fischer Verlag.

2　邱鴻霖、陳仲玉、游鎮烽，2015：15-24。

3　邱鴻霖、陳仲玉、游鎮烽，2016：16。

第一群聚中，「亮島人」1 號與琉球群島出土的舊石器時代「港川人」1 號落在同一個群組中，兩者的顱骨形態在諸多比對分析的族群中也最為接近。「亮島人」1 號與「亮島人」2 號在顱骨形態上，大體落入同一個更大一層的群聚組中，形態上亦十分接近。若未置入「港川人」1 號的資料，兩者將落入同一個群聚組（圖 54）。該大叢集中，包括了甚高比例與南島語族相關的群體：泰雅族、菲律賓 Aeta、Tagalog、Daia、Naga 叢集中，均可確定。相對地，另外的兩個大叢集與小叢集中，則未見到與南島語族等高比例的群聚現象。

　　另一方面，從群聚分析中，也可以看出「亮島人」1 號的顱骨形態上，與較為古老的日本新石器時代繩文人、舊石器時代的「港川人」之型態相似度高。案日本民族起源論中，透過考古學與體質人類學的頭骨形態研究，指出彌生時代之後的人群由來的動線中，有一部分是來自於中國的長江中下游一帶，經由山東半島、朝鮮半島抵達日本九州一帶，並向日本列島其他各地擴散。[4] 而對於彌生時代之前繩紋時代及更早的舊石器時代的古代日本人的來源，也早有南來的說法。即使在早期的研究中，亦有「港川人」顱骨形態學的相關研究中，也將類緣關係的方向，指向

4　中橋孝博，2008。

　　了中國南方的化石人「柳江人」。[5]「亮島人」同樣地
也表現出與中國大陸南方地區的古代遺址如江蘇圩

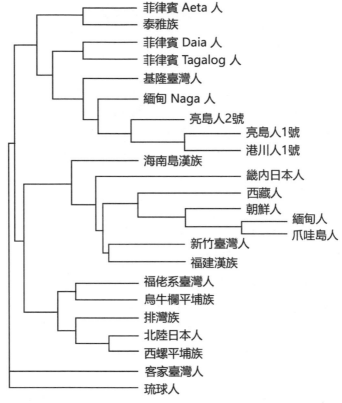

圖 54　「亮島人」1、2 號與各族群顱骨測量群聚分析[6]

5　吳新智，1988。

6　邱鴻霖、陳仲玉、游鎮烽，2015：8（圖 10）。

墩、廣東鯉魚墩等，以及近現代南島語族有高度群聚
性。因此，以顱骨型態學的群聚分析結果，反映出
「亮島人」從形態上而言，不論從新石器時代以及近
現代，皆與南方的族群有較為高度的相似性與關聯
性。再從這些遺址的年代序列而言，與「亮島人」頭
骨型態相近似的人群，在八千年以來的動向，似乎也
指出了一個南邊的親緣關係。不論是「亮島人」1 號
或「亮島人」2 號，均是南方的蒙古種人。這一點也
與上章的論點吻合。

　　關於東南亞最早的「原住民」另有二層假說，主
張現今東南亞與大洋洲的族群中，澳大利亞土著與美
拉尼亞人有共同的祖源。[7] 依據現代智人出自非洲的
學說，強調在歐亞大陸東部的人種，來自於約
65,000-50,000 年前的共同祖先，是自舊石器晚期持
續發展的族群，走南亞而進東南亞，澳洲一帶，稱澳
美人種（Australo-Melanesia）。[8] 其體質特徵接近現今
的澳大利與東南亞地區的土著，即澳—美人種，包括
現今菲律賓、安達曼群島、日本愛奴人、美拉尼西
亞、巴布亞紐幾內亞或澳大利亞的土著尼格里陀等。
這群人到了距今 6,000-7,000 年前雖然已經形成了定
居聚落、有大型墓葬區、在某些地區已有製作陶器的

7　Jacob, T., 1967.

8　Bellwood, 2017: 89-92.

能力，但是生業模式還是依賴採集漁獵生活。其次的一支則走亞洲大陸北部，一直擴展至亞洲大陸東部，包括朝鮮半島與日本諸島，甚至美洲大陸。現今東南亞人的一些顯性特徵，例如較扁平的臉及較淺的膚色，是由於東南亞的原住民與來自東亞大陸的新石器時代移民混血的結果。在這歷程中，也有些局部變異和混合。兩層之間清晰的二分法，意味著古、現代人類穿越歐亞大陸南部和北部的獨特遷移路徑，在時間上存在深層分歧。在更新世末與全新世的早期，兩者都是狩獵採集的生活方式。而且在最初時期，這兩大族群之間的接觸有限。在東南亞地區，在距今 4,000 年前後移入，當地的稻作族群則是東亞人種（蒙古人種）。[9]

　　貝爾伍德認為「亮島人」1 號是澳—美人種。而且在任何情況下，不論就語言學或考古學意義上，都不會是「南島語族」，即使其粒線體 DNA 已然被現代講南島語族語的族群所繼承。這些先新石器時代的族群，即使與新石器時代的定居者混合，但對所有後續基因組並沒有多大貢獻，包括講南島語的族群。「亮島人」的 E 單倍群粒線體 DNA，可能只是一部分傳播進入島嶼東南亞。在整個南島語族的擴張中，扮演著更大的角色者，應該是 B4a1a1 單體群 DNA

9　洪曉純、張弛，2014：3、4。

的族群，尤其是在大洋洲。E 單倍群很可能是 8,000
B.P. 在華南廣泛地傳播，其遺傳轉變是自西元前 250
年以後，因漢族以壓倒性優勢向南擴展之後而消失。
但其古 DNA 只有在福建和廣東才有發現的可能性。[10]

　　2019 年由日本體質人類學者松村博文主導的研
究群，使用顱骨形態學的研究。依據採集得 89 個人
群樣本中，其中包括來自考古的發現；抽取其中 16
個顱骨形態學記錄所做的分析，在主要類別中顯示出
直接的二分法，亦即上章所述《兩層論》。強調在歐
亞大陸東部與東南亞的古代、現代人類的「兩層模
式」論文，〈從顱骨測量學顯示歐亞大陸東部史前人
類的「兩層」傳播〉。[11] 其最早的第一層，稱澳—巴
人種，是現代在澳洲、南太平洋一帶的尼格里陀土
著，並包括泰北的賀平文化人、廣西柳江人、日本港
川人、繩文人以及「亮島人」1 號與奇和洞人等。他
們大多數是海洋民族。其第二層，則走亞洲大陸北
部，一直擴展至亞洲大陸東部，包括朝鮮半島與日本
諸島，甚至擴展至美洲大陸（圖 55）。在這歷程中，
也有些局部變異和混合。兩層之間清晰的二分法，意
味著古代、現代人類穿越歐亞大陸南部和北部的獨特
遷移路徑，在時間上存在深層分歧。在更新世與全新

10　Bellwood, 2014: 53.

11　Hirofumi Matsumura, Hsiao-chun Hung, et al., 2019: 1-12.

世的早期，兩者都是狩獵採集的生活方式。而且在最
初時期，這兩大族群之間的接觸有限。然而大約
9,000B.P.，在東亞北部的一支，因有農耕生業的出
現，使得人口擴張，而向南方漂移，促使原在亞洲南
部與東南亞的族群，迅速地混合。

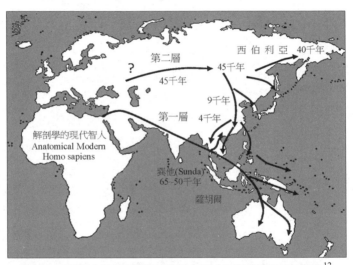

圖 55　歐亞大陸東部地區現代人類人口運動的兩層模式[12]

　　大約 4,000 年之後，第二層族群以更快的速度和
更大的數量增長。並且擴張至目前東至太平洋東岸的
復活節島，西至非洲東岸的馬達加斯加島的沿岸那廣
大的區域。

12　Hirofumi Matsumura, et al., 2019: 8, Fig. 圖 3，經作者翻譯重繪。

　　其實學者們對於亞洲的人類史中的種群，具有兩個「層次」特徵，並沒有很大的分歧意見。只是傅巧妹研究群認為東亞的祖先們對東亞族群有高水準遺傳的影響，這影響是從北向南的走向漂移。尤其自新石器時代的東亞人群，主要都擁有東亞人的血統。其中包括現今西藏和西伯利亞東部，以及東南亞和西南太平洋地區的東亞人，具有高度的遺傳相似性。他們往往比任何「早期亞洲人」的聯繫更為緊密，而缺乏遺傳隔離的現象。「亮島人」1 號、「奇和洞人」、「港川人」都可以歸納為早期近代人群的流動中。

　　在南島語族海洋性擴散和遺傳混合歷史研究進行的同時，其大陸性起源的古人類全基因組研究，在 2020-2022 年也取得了甚大的進展。傅巧妹的研究群和廈門大學王傳超的古 DNA 研究群，通過分析距今 8,000-2,000 年的福建奇和洞遺址、曇石山遺址、溪頭村遺址、亮島遺址和台灣鎖港遺址、漢本遺址等的古人類全基因組，發現了分布在台灣的新石器時代族群和現今台灣南島語族群的遺傳連續性，以及和華南的現代壯侗語人群之間密切的遺傳親緣性，表明南島語族群直接起源於華南大陸沿海地區。以及王傳超等在擬構的人群混合模式分析中，發現了來自與華北粟農業人群有關的 25%左右的遺傳貢獻，與考古學華北粟黍農業文化，在華南形成廣泛的稻粟混作區的趨勢具有一致性。反映了東亞大陸沿海地區自新石器時

代早期就已經開始了文化交流互動與人群遷徙融合。
此外，還可以觀察到來自舊新石器時代過渡期，亞洲
東南海岸線採集—漁獵人群 20%左右的基因流動
性，表明這一過程不是移民簡單地取代舊石器時代晚
期以來的土著狩獵採集人群的「兩層模式」，而是原
南島語族相關的早期農業人群在擴散過程中與華南土
著採獵人群發生了較為廣泛的人群融合的過程。[13] 並
且，在日本和中國南方對相關人群的遺傳抽樣中，第
一層的人種學測驗顯示，它們在遺傳上與第二層東亞
人群更密切相關，表明兩層模型不足以描述史前亞洲
的種群流動、更替和混合。[14] 傅巧妹和王傳超兩研究
群在 DNA 研究所顯示的成果，各有不同看法，並不
很支持松村博文的《二層論》的意見。

　　關於東亞早期現代人的族群流動現象，史同京最
近有了新的觀點：基於最近對東亞大陸人群遺傳變異
的深入探討與古 DNA 的研究，他認為從新石器時
代，一直持續到青銅器和鐵器時代的近代，屬於說不
同語言的族群也廣泛混合。[15] 作者認為東亞人的歷史
比我們以前想像的要複雜，需要做更多的研究。

13　郭健新等，2021（3）。

14　Yang, Melinda A. et al., 2020.

15　史同京與作者的私訊。

二、從語言學探討「亮島人」的種屬

　　目前在亞洲大陸東南方有漢藏語族、南亞語族、南島語族、卡岱語和苗瑤語等的人群，但是在馬祖亮島這樣的外島，8,300-7,000 年前人群的語言，應該也有跡象可尋。說南亞語的人大多分布在中南半島和雲南，而南島語族大多分布在太平洋島群，也有部分在中南半島和馬來半島，卡岱語群在中國西南、廣西、貴州、雲南和泰國、寮國一帶。而漢藏語族，遠者可到達四川、青海與西藏的西部和北部。說苗瑤語者在華南西部的高地和中南半島，包括越南、寮國和泰國。

　　然而，有些語言學的證據，有不少基層的南亞語被漢語所借用，顯示說南亞語的人曾經居住在華南。譬如在華北稱河流為「河」，而華南則稱為「江」。此外尚有些例子，非常廣泛的使用在長江中游，再沿著海岸往南的地區。過去 20 年間，語言學家如芮德（Lawrence Reid）和白樂思（Robert Blust）認為南亞語與南島語有親緣關係。[16] 兩者的分支至少在一萬年以上。南亞語族有一支自緬甸的最北端往南，順著湄公河與薩爾溫江往南，進入中南半島，另一支往西南

16　Blust, 1996.

進入印度。南島語族則往東部分進入長江。接著往南
順著海岸而到華南各地。

　　古代華南的居民幾乎都不是漢藏語族人。語言學
家羅曼（Norman）和梅祖麟指出，西元前 500 年，
自長江中游到東南沿海一帶，基本上全是南亞語族的
居地。他們舉出的證據，就是漢語中借用了南亞語的
14 個字彙如下：

　　「1. '箚'古漢語 *tsɛt '死'；越南語 chêt, Muong
chit, chét, Katu chet 'to die'，

　　2. '獀'古漢語 *io '狗'；越南語 chó，Wa so '狗'，

　　3. '江'古漢語 *krung 'river'，閩南語 kaŋ，普通話
jiaŋ；老猛語 krung、Sedang krong、Katu karung '河'，

　　4. '蜼'古漢語 *riwəi，普通話 wei 'fly, gnat'；古
南亞語*ruwaj, Stieng ruay, 越南語 ruoi 'fly'，

　　5. '虎'古漢語 *k'la(g) '虎'；古南亞語 *kalaʔ，老
猛語 kla 'tiger'

　　6. '牙'古漢語 *ngra > nga '牙齒'；越南語 nga
'ivory'，原猛語 (Bahnar) *ngo'la 'tusk'，

　　7. '弩'古漢語 *na 'cross'；越南語 ná，原猛語
*so'na 'cross'，

　　8. 福州話 tɸyŋ2，閩南語 taŋ2 '薩滿，精神治療
師，仲介'；越南語"薩滿化，與神交流"，

　　9. '囝' 福州話 kiaŋ3，閩南語 kiã3，建陽 kyeŋ3，
閩東寧德、洋中(?) ken3'兒子，孩子'；猛語、高棉語

kon，"孩子"；‥‥

　　10. 閩南語 tam2 '潮濕'；越南語"濕"，

　　11. 福州話 pai?7 '知道，認識'；越南語"要知道"，

　　12. 福州 p'uo?8，閩南語 p'e?8, 福安 p'ut '浮,泡沫'；越南 bo'渣滓，

　　13. 福州話 p'iu2，閩南語 p'io2'浮萍'；越南 beo '浮萍'這個詞在（西元 276-324 年）郭璞《爾雅注》的評論說 p'iao 是在中國東南部，揚子江以南地區所說的"浮萍"。

　　14. 福州話 kie2，閩南語 kue ~ ke2'小鹹魚'；越南 ke"小魚"。」[17]

　　其中 1-7，如前面說的「江」字外，另有箌、江、猣（狗）、維、虎、牙、弩等 6 個字。其他還有 5 個字是福州（閩東）話和閩南語共借的字彙，和 1 個閩南語獨用的字彙。那些借用的字彙都是日常基本的用語，並非是經過選擇的。其中第 8-14 例的借詞，僅在閩方言中。梅祖麟覺得，顯然是由於漢人與南亞語族經過長時間相處的結果。[18] 閩方言自漢語中分支，

17　李壬癸，20114。（此段引文原是英文，譯文如有誤，由本文作者負文責）。

18　Norman & Mei, 1976.

可能是最後的階段，大約有 2,000 年。[19] 此外，以上所例舉的 14 個字彙之中，有 10 個字彙也出現在越南文中。也可證南亞語族有一支往南，進入中南半島，另一支往東部分進入長江。接著往南順著海岸而到華南各地。因此，白樂思指南島語族往東的這條路線論述，就需要修訂。[20]

然而，古代有文字文獻實在太少了，在漢人取而代之以前，至少有幾世紀以上。波勒布郎克（Pulleyblank）依中國古文獻得到結論，認為夏朝（4,100-3,600B.P.）時的夷族可能就是南亞語族人。[21] 此外，如果依據語言學者所述各點，他們所擬測南島語族與漢語分化而出時間大約距今 5,000 年。再說，以漢語中借用了南亞語字彙的例，14 個字中有 5 個字彙是在閩東（福州）話和閩南話所共用，有 1 個字彙是閩南話所獨用，那麼二支「亮島人」族群又比這年代早 3,000-2,500 年。字彙是閩南話所獨用。由於上述的證據，再顧及亮島的地理位置就在福州的外海，由此推測二個「亮島人」，他們不是「原南亞語族」（Proto-Austroasiatic）就是「先南島語族」（Pre-Austeronesian）。

---

19 Ting, 1983.

20 Blust, 1996.

21 Pulleyblank, 1983.

三、從民族志探討「亮島人」的種屬

　　綜觀上述兩項與人種學相關學門的研究，其實並未解決「亮島人」的種屬問題，只是與其時代相近的古人種做類緣對比。目前尚無法知曉這二支族群所說的語言。但由他們的 DNA 研究得知，他們與現生的台灣原住民（南島語族）有母系血緣關係。其實人體中的 DNA 基因是不會消失的。作者認為上古那些分布在東亞大陸沿海的海洋族群，也許還有後裔遺存於今日大陸東南沿海。譬如古代百越中的閩越族，居地即在今臺灣海峽的福建省沿岸。其習俗部分與台灣原住民的習俗相似，如蛇圖騰崇拜、斷髮、紋身、拔齒、杆欄屋、崖葬等，可以證明台灣原住民也是閩越族。[22] 賀剛，有鑒於江蘇、浙江、江西三省均非史前屈肢葬習俗的原生地，因而推測「亮島人」1 號的來源地在其南方。「亮島人」1 號的 DNA 遺傳檢測結果，也可作為鑒別華南史前屈肢葬人種的重要證據。[23] 又從考古學上，各古代文化的觀點，認為台灣原住民與古文化關係密切，是屬於現生某些原住民祖先所遺留，則他們祖先是來自中國大陸的華南沿海地

22　葉國慶、辛士成，1963。

23　賀剛，2014。

區。[24] 語言學家研究台灣的原住民語言，發現他們都是南島語族，生活環境多選取半島地形和島嶼的區域，與航海有密切的關係。[25] 白樂思甚至認為南島語族的起源地就是台灣，再由台灣向外擴散。[26] 貝爾伍德也同意這種看法，他推論南島語族是 6,000B.P. 自亞洲大陸東南部進入台灣，自 5,000B.P. 從台灣開始分成七個階段逐漸擴散到太平洋與印度洋各地。[27] 最有可能的就是現存的那些蜑民，發展至今僅在福建、廣東、廣西至海南沿海地區，甚至於至中南半島與馬來半島尚有他們的蹤跡。[28]

依據地方誌文獻記載，福建閩江流域的蜑民。自稱「曲蹄」族與閩南九龍江（包括晉江）流域的蜑民，自稱「白水」族。兩者之間的勢力範圍區分很明確，自古即是兩支不同的族群。「曲蹄」族的捕漁區可往北至浙江海域，但不可進入九龍江、晉江流域界。依據語學的資料，「曲蹄」可能是侗台語族中的「仡佬」族，世居雲貴高原之北。若如上文所述，古時沿著長江至錢塘江流域以南原來均有蜑民分布。

---

24 陳國強，1961。
25 李壬癸，1979。
26 Blust，1988。
27 Bellwood, 1991: 88-93.
28 陳仲玉，2002b。

　　作者推測，原先分布於今貴州中西部的仡佬語群，或是白樂思所指的南島語族，沿著長江流域上游，順江而下到達吳越之地。又自錢塘江流域分支沿著海岸而下到達閩江流域，其子孫繁衍閩東沿海；或是該語群進南中國海之後，沿岸往東北而到福建閩江

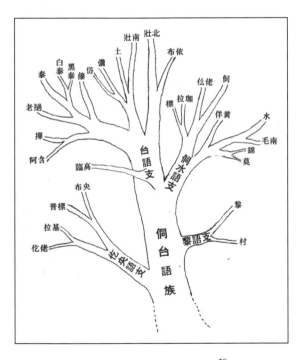

圖 56　侗台語族譜系樹圖[29]

29　引自梁敏、張均如，1996：13。

流域。其時約距今 8,500-8,000 年間或更早。至於九
龍江流域的蜑民自稱「白水」，他們可能是上古時侗
台語族中侗水語群中的一支。自今廣東西部沿著珠江
流域出海擴散為三支：1. 沿著粵閩海岸往北，2. 往東
進入南中國海，3. 往南進入中南半島（圖 56）。往北
的一支到達閩南沿海，以九龍江與晉江流域為中心，
子孫繁衍古閩南沿海。其時約在距今 8,000-7,000 年
間。如果從地緣的關係，思考在距今 8,300-7,500 年
前，二支「亮島人」族群在這麼一座小島，缺乏族群
長久定居的條件之下，那麼他們族群的種屬如何？自
然會聯想到他們最大的可能性，不是「曲蹄」，就是
「白水」。這就是作者認為曲蹄族可能是「亮島人」1
號後裔，而「白水」族是「亮島人」2 號後裔。

　　這項論述，以「曲蹄」與「白水」二詞要與侗台
語族中的的仡佬語群，以及侗水語支中的水語群作連
接，並非完全臆測。美國語言學者潘尼狄克（Paul
Benedict）則認為 Kadai 侗台語族群與南島語族有親
屬關係。[30] 現今在馬來西亞、印尼與菲律賓群島沿海
一帶，至今尚有 Sama Badjao（白喬），自稱 Badjao，
Bajaw，Bayao 等海洋民族，屬南島語族。[31] Badjao
與閩南語「白水」音相近，兩者在古代也許是相同的

30　Paul Benedict, 1916.

31　Maglana, Matthew Constancio, 2016.

族群或有血緣關係。作者拋出這項話題，僅是「大膽
的假設」，有待更多的求證。

第九章

從「亮島人」
探討南島語族
的源流

一、南島語族的起源

　　人類在原始生成時期，從利用在洞穴或岩蔭中生活、再走向原野築屋而居，整個發展，長達三、四百萬年的漫長歲月。直到更新世晚期，最後一次冰河時期結束，全球陸地冰蓋開始融化，使得海平面上升。自 12,000-6,000B.P.，海平面上升總計 120-125 公尺。[1]導致沿海地理發生變化，許多人類群體別無選擇，只能適應。因而導致人類生活方式產生變化。自原來舊石器時代的狩獵採集遊牧生業，逐漸改為新石器時代的農耕定居生業，帶來文化上諸多變化。

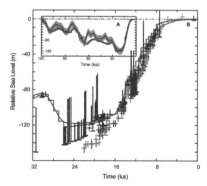

圖 57　聯合國跨政府氣候小組估計之海平面變化（現
　　　　在-32,000B.P.）[2]

1　Tornqvist, Torbjorn E., et al., 2004.

2　Jansen et al., 2007

　　人類的生活與海洋的關聯，取決於人類對海洋的認知，知道如何親近海洋與利用海洋資源，大約是在更新世晚期。其時由於海平面上升，沿海地區的地理發生變化尤其劇烈，許多人類群體別無選擇，只能適應。沿海居民才從淺灘的簡易採食捕撈海洋生物，逐漸進入淺海的生業。此有賴於渡海、儲水、採撈等工具，譬如木筏、獨木舟、陶器、磨製石器等的發明與發展。在環境變化劇烈情況下，當時住在海邊的居民，受到很大的衝擊。其時先民們為各自求得生存，有各自的因應之道，有的遊走於海域島嶼間，便成為以海為生的海洋族群。各地海洋地區不論是島嶼或是陸地沿海岸邊，自古即存在許多活躍於海洋的族群。在適應過程中，各地的群體間的差異加劇。海平面上升至較今日海平面下 10-30 公尺時，是真正「陸域島嶼化」的階段，原本可利用之陸域、淺水河海口等自然資源的可及性縮減，獲得生存資源的穩定性變低，環境變化的影響甚為嚴峻。[3] 各地的文化與適應方式，也因為水域的隔離，互動的程度下降，因此促使各區域發展出各自文化上的獨特性。每座島嶼都是一處完整的自然生態體系（ecosystem），有其獨特地理條件。就人類求生存的觀點，大陸沿海與其周邊島嶼，或是大島與小島（如台灣與澎湖、蘭嶼、綠島）

3　Jansen et al., 2007。

間，因資源互通之需求，皆有某種依賴或互動的密切關係。

　　東亞大陸有別於世界上其他大洲，就是有較長的海岸線和廣大太平洋上大小不等的島嶼群。東南亞的島嶼，除了在太平洋和印度洋的少數島嶼上，生存著尼格利陀人之外，大多數島嶼是無居民的。海洋族群為求生存，傾向海外各地漂流發展，因此引發東亞大陸的海洋族群大遷徙。這些族群一般通稱「海上船民」（Sea nomads），日本稱「漂海民」，西方人稱Sea Gypsies。譬如中國自古至今仍有「蜑民」的族群，他們至今仍然生存於東南沿海的福建、廣東、廣西、海南等省分。他們不是一種單一民族，而是古時活躍於沿海的百越族中善於海上航行者，也就是所謂「南島語族」（Austronesian）的一支。[4] 於是就有南島語族起源地（homeland）的話題。所謂起源地是指某個民族在沒有分化之前，屬同一民族，操同一種語言時的居住地。也許在當時其族群已經分成若干小群體，已有方言的差異，大體上仍居住同一個起源地。[5] 欲尋找語言的起源地，可以從人種、文化、考古學和語言學等方面的資訊證據加以推論。

4　陳仲玉，2004，頁 38-43。Chen, Chung-yu, 1999: 2-15。

5　中央研究院民族學研究所數位典藏網路：http://www.ianthro.tw/p/49。（2019 年 10 月檢索）

二、南島語族的擴張理論

　　南島語族經過長期的種族繁衍與擴散，至今已分布到太平洋與印度洋的廣大區域。那麼在擴散之前應該有他們原始的居地，其原鄉在哪裡呢？這是學者們已經探討了一百多年的話題，至今似乎還方興未艾。族群與語言雖然沒有必然的聯繫性，但一向有緊密的關係。百年來人類、考古、語言等的學者們一直在尋找「原南島語」（Proto-Austronesian language）的起源地。語言學則成為重要方法與證據。早在 1916 年，薩皮耳（Edward Sapir）就提出一個概念：「語言最紛歧的地區，可能就是該語族的起源地。」[6] 這項概念至今大致為語言學家們所接受。然而，由於學者們研究與見解之不同，所指的南島語族起源地，仍然各說各話。

　　當然在這段超過百年的漫長歲月裡，意見眾多。早在十九世紀末就有荷蘭語言學家柯恩（H.A. Kern）推測，他們「大概居住在占婆（Champa、今柬埔寨）、中國與越南交界處及其沿海的臨近地區」。[7] 其後在 1930-1980 間，又有奧地利史前學家 Heine-

---

6　引自李壬癸，1997a：3、4。

7　引自李壬癸，1979：3、4。

geldern 推測是由亞洲大陸，經過中南半島、傳到東南亞島嶼。[8] 凌純聲依據古文獻史料和太平洋民族志資料，推測南島民族中，印尼文化是原於華南「越僚文化」。[9] 張光直依據考古資料亦有類似的意見，認為中國大陸東南百越及其以前的居民向南方移居者，成為日後的南島語族的祖先。[10] 可知最早期的說法，均不認為台灣是南島語族的起源地。

直到 1975 年，Richard Shutler 和 Jeffrey C. Mark 應用考古學和語言學分類資料，首先對南島語族的擴散提出結構性架構，認為南島語族的擴散與園藝式農作相關連。台灣繩紋文化，可能代表最早南島語群體。[11] 探討南島語族的擴張課題，迄今的論說大致分成三派。[12]

1. 「快車假說（Express-train Hypothesis）」

戴蒙（Diamond）認為波里尼西亞人的祖先是從東亞地區快速地移居而來。[13] 白樂思和貝爾伍德又提出「出台灣假說」（Out of Taiwan Hypothesis）認為約在 4,500B.C.，原南島語分化為福爾摩沙語

8　Heine-Geldern, 1932.

9　凌純聲，1950。

10　張光直，1959。

11　Shulter & Marck, 1975.

12　參考臧振華，2012：88-89。

13　Diamond, 1988: 307.

（Formosan）和馬來—波萊尼西亞語（Malyo-Polynesian）。分化的地點是在台灣，因而台灣是起源地。[14] 張光直則認為南島語自大陸的原居地（包括台灣）向外擴張，並且他們是因受到大陸北方的龍山形成期文化為代表的漢藏語族壓迫所致。[15]

2.「出東南亞假說」（Out of Southeast Asia Hypothesis）

支持這假說的語言學者以戴恩（Isidore Dyen）[16]、考古學者蘇爾漢（Wilhelm G. Solheim）[17] 和米強（William Meacham）[18] 為代表。認為南島語族的源頭出自島嶼東南亞。最早在更新世時居住在菲律賓南部和印尼東北的俾斯麥群島一帶的居民，他們說的是先南島語（Pre-Austronesian）。由於更新世結束後，海平面上升，使得許多陸地成為海島，而被迫增強了航海的能力，以維持與親族或家鄉的聯繫。大約7,000B.P. 而往四面擴散。6,500B.P. 到達呂宋島北部台灣和華南沿海，再向南經越南沿海擴展到砂磱越、婆羅洲和印尼東部，以及其東的太平洋三大群島。大約 4,000B.P. 並發展出原南島語（Proto-

---

14　Blust, 1988.

15　張光直，1989。

16　Dyen, 1965.

17　Solhiem, 1988.

18　Meacham, 1988.

Austronesian）。[19] 這一派學者中，尤其是蘇爾漢所提的「Nusantao（海島居民）假說」值得注意，他認為說南島語的族群，基本上是一個「貿易語言」。

3.　「慢船假說」（Slow Boat Hypothesis）

　　這是由一些遺傳人種學家依據 Y 染色體標記所提出，波來尼西亞人的祖先源頭是在熱帶島嶼東南亞一帶，介於華萊士線與新幾內亞之間，而不是中國和台灣。[20] 歸納上述諸學派的假說，主要分為大陸／台灣和東南亞島嶼起源兩派。對於南島語的分群，基本上，學者們均以語言學的觀點，加上考古學的器物特徵及其年代排比、空間分布、以及地理和環境變遷各種因素考慮。近年來，又加上分子生物學和遺傳人種學 DNA 的研究結合資料，其意見學說更多，造成眾說紛紜，莫衷一是。臧振華即主張，「有必要在考古資料的內容和比較分析上多所改進分析」。

三、南島語族的擴張及其途徑

　　南島語族起源地的探討，在學者間眾說紛紜。自起源地擴散到太平洋與印度洋間，全球三分之一的廣

19　Solheim, 1988.

20　Oppenheimer, 2001.

大海域範圍，其擴散的路線說法也有所不同。不論是
「快車假說」派，或是「東南亞島嶼假說」派，都與
台灣有很密切的關係。就上述學者中，張光直所說的
南島語族會從大陸沿海到閩粵而遷移到台灣，主因是
受到大陸北方以龍山形成期文化為代表的漢藏語族壓
迫所致。凌純聲的意見是南島語族來自華南。白樂思
也認為南島語族的起源地在中國西南，沿長江而下到
台灣。[21] 至於起源地始在中國大陸之說，常被質疑的
原因，是因為在大陸已經沒有說南島語的族群。關於
出大陸的路徑，李壬癸則認為南島語族起源地，是中
南半島東岸先遷移至台灣，約在 4,000 B.C. 開始分成
七個階段擴散。[22] 臧振華多年來，對於南島語族的起
源地和其擴散的問題也甚為關注。除了多年前在台南
科學園區發掘了南關里和南關里東等新石器時代中期
遺址之外，另在菲律賓呂宋島北部的 Cagayan 和
Abuluy 兩條河谷下游階地也做了許多考古調查與發
掘工作，都是為了要解決南島語族的起源地與其擴張
的問題。[23] 在他的〈再論南島語族的起源與擴散問題〉
一文中，有了新的兩點論說。其一，廣州附近珠江三
角洲一帶，可能是南島語族最早遷離中國大陸的起源

21　Blust, 1988.

22　李壬癸，1997b：54。

23　臧振華，2000。

地。其二，如果以珠江三角洲為中心的南中國海北岸
一帶是南島語族的起源地，則台灣僅是該族的早期居
地之一。並且當時有多元的擴散的路徑，最早的一條
路徑是自珠江口往南，沿著海岸經廣西南部的北部
灣、海南島等地至越南的東岸，其時約在 6,000-
5,000 B.P.。另外也可以自珠江口直接往菲律賓群島
如巴拉望，或是更南往婆羅洲等地而再擴散。而自珠
江口往北的一支，到台灣後大多就居留下來。[24]

四、南島語族的起源地與「亮島人」

貝爾伍德曾經提及「原南島語族」（Proto-
Austronesian, PAN）概念，即指出南島語族原型的群
體，形成與存在於距今六千年前的台灣，其族群的
「原鄉」（祖居地）應該是中國東南地區的「先南島
語族」（Pre-Austronesian）族群。[25] 這是將「語系」
與「文化」劃上等號的思維，是從文化形成的複雜過
程，加上地域環境背景的考慮。事實上，不可能有一
個從開始就在語言、文化、體質、環境上同時吻合於
當代南島語族，起源於單一的發祥地。古代南島語族

24　臧振華，2012。

25　Bellwood, 2004: 134,135.

與其文化的形成，並非單點或單線的過程，因此追尋古代南島語族文化是在怎樣的時空環境中形成，以及其在不同階段的樣貌，則顯得更具有意義。

「亮島人」的遺傳人類學研究，已有具體的成果。屬於母系血源的粒線體 DNA 分析顯示，「亮島人」1 號為 E 單倍群，而「亮島人」2 號為 R9 單倍群。[26] 這兩單倍群大部分見於東南亞與中南半島，為部分現代台灣原住民，與菲律賓等東南亞族群較為常見的遺傳血緣，卻極少見於現代的中國大陸東南地區的族群。至於「亮島人」1 號因是男性，父系遺傳基因分析 Y 染色體為 O1a-M119 型。[27] 兩個「亮島人」的出現，正是約 9,000-6,000B.P. 那環境劇烈變化階段的二個體或二小群體。因而為南島語族群的形成，添了兩筆極為重要的資料。

透過亮島島尾遺址群的發掘與研究，作者認為在更新世舊石器時代的晚期，在亞洲大陸東南部沿海至中南半島一帶廣大海域，住著「亮島人」在體質上的祖先。這些族群是在約 12,000B.P.-7,000B.P. 間，主要以採取海洋資源為其生業方式的海上牧民。他們經歷了冰後期的全球氣溫上升，海平面劇烈變化。由於石器工具的逐漸進步，強化親海與渡海的條件；有能

26　陳仲玉，2013。

27　Ko et al., 2016.

力採集海生資源，經常流動於海上生活。當時的人群帶著各地的新石器時代早期文化，包括島嶼海洋文化與大陸沿海的漁獵農耕文化並行，四處擴張移動。直到距今 6,000B.P. 以後，海平面上升趨於穩定，連帶著大陸海岸周邊在環境上的島嶼化趨於穩定。在其後一千年間，逐漸形成各地具有特徵的文化內涵。在這段時期，也正是來自各處，帶著不同文化與不同時間的族群，來到台灣。其中因地緣關係，以華南尤其是福建的可能性較大。這就是史同京在兩份「亮島人」DNA 檢測成果報告中，有與南島語族關係所推測的結果：

1. 「亮島人」1 號與台灣、菲律賓、印尼等地的原住民有母系血緣關係，但與中國大陸、中南半島無關。釐清原南島語族之起源，並且可上推至 8,300B.P. 與南島語分化前的母系血緣共祖。福建沿海明顯為已知南島語族的起源地之一。

2. 「亮島人」2 號母系血緣與泰雅族及鄒族最接近；與南島語族及苗瑤族可能有關。但與其他在菲律賓、印尼、馬來西亞及中國大陸傣族與漢族間的關係相當稀少。

　　在 DNA 研究群中，葛應欽、葛明軒父子也有類似意見。在「亮島人」粒線體全序列定序，以及廣泛體染色體有了成果；並與現代人進行基因比對模擬與調整之後，提供演化基因學的證據，合理對應語言

學、考古學之推論。認為「早期南島語族」基因體有兩部分來源，一萬年前開始形成，八千多年前發展於福建沿海，約六千年前進入台灣後，隨後再形成「南島語族」。[28]

此外，有關南島語族起源地的問題，國際間就有起源於東南亞島嶼的一派，大都不被認可，已如上文所述。但是，在台灣仍然還有這派學者。他們認為台灣原住民的祖先遷移至台灣的源流與時間點，即在12,000B.P.，台灣尚未變成孤島之前，約有 2 萬年之久。其時亞洲大陸從日本到海南島的東京灣，包括臺灣海峽在內，全部是沿海低窪的陸地。推測人類沿著歐亞大陸東邊沿海低窪的地帶遷移，而台灣剛好是在路線的中間站，有些族群就停留下來。所以在不同的時間有不同的族群從不同的地方來到台灣。這些族群是互相隔離的，在台灣變成孤島以後，繼續處於隔離狀況直到今天。所以現在我們看到許多不一樣的原住民族群，但都是純種的族群。因此，台灣的原住民帶有南方及北方的基因的事實，相當符合台灣在冰河時期是人類遷移路途上中間站的推測，云云。[29] 這項推測，應用如上所述考古學文化層位的印證，以及自從「亮島人」出現之後，以 DNA 的研究成果，照說可

28　葛應欽、A lbert Min-Shan Ko，2014：107。

29　林媽利，2001。

以有所修正。然而，最近仍然見到起源於東南亞島嶼派學者，也應用「亮島人」DNA 的研究的資料，堅持台灣原住民南來的論述。[30]

30　Larena, et al., 2021.

第十章 ─────────────

綜 論

一、人與海洋

　　生物在自然環境中求生存，不外乎對環境的適應與對資源的採取兩大法則。其中只有「人」能在適應環境與取得資源之中，改變這兩要素的價值，提升其作用，就是人類被稱為「萬物之靈」的原因。人類適應與應用的方法，以及所衍生出的事與物，就是所謂的「文化」。由於海洋環境與陸地的情境，有相當大的差異，因而海洋文化與陸地文化就相差甚遠。在本書第一章中，曾就生活重心、地理環境、聚落型式、生活資源、生業形態、社會結構、交通工具與宗教信仰等八項敘述其差異。又由這種巨大的差異，形成海洋民族具有樂觀、開放、冒險、兩棲、流動、競爭、多元、宗教的驅動等特性。人類親近海洋，進而採取海洋中的資源，必須應用各式各樣的工具，工具即是深化文化程度的關鍵。人類的親海性，當始於舊石器時代的末期。由於其時的筏木工具只有打製的石器、斧、鑿、砍砸器與刮削器等。甚難製造出舟船為入海的載運工具，至多是簡陋的木筏，或是造形簡單的獨木舟，僅可航行於有限而且目力可及的近海與近岸島嶼。這種情況進入到新石器時代，磨製石器出現之後，才得以改善。除了石器工具的改良之外，連帶著就是多質料的工具的出現，如：骨、角、牙器、貝質

器等，同時多種類的木質工具的比重逐漸增加。陶器的出現也是人類深入海洋的關鍵；解決了儲存飲水與食物容器的重大問題。於是人類就逐漸擴大了海洋活動範圍，可以遠航深入遠海的陸地與島嶼。這項人類親海的發展普遍發生在歐、亞、非，三大陸的周圍海域。

　　位在西太平洋的亞洲大陸東南濱海一帶，早在更新世末期，即有少數人類與其文化遺跡出現，顯示其時人類的親海與採取海生資源活動的情況。冰後期約在距今 12,000 年前的證據雖然稀少，是因為海平面波動，遺物、遺跡難以存留，大多遺留在海底下，但並不否定其存在的可能性。其實人與海洋的關聯也許更早就已經開始，自後愈發關係密切。到有了渡海的工具，就在海上活動，取用海洋魚生資源。其中有的族群逐漸形成長年漂流生活在海上的海洋民族，即所謂「海上牧民」，他們的出現當在一萬年以上。多出現於太平洋西岸的東亞大陸東南部與島嶼東南亞一帶。自古至今仍然普遍存在於中國東南的福建、廣東、廣西與海南諸省，以及中南半島、馬來半島與島嶼東南亞地區沿岸。他們絕大多數是南島語族。

　　依據中國古史的紀載，在華北，上自渤海灣、黃河與淮河出海口一代的海岸地區有「東夷」；自長江以南至廣南地區有「百越」，兩者之中均包含長年在海上的族群，尤其是百越族居於華南海岸地區者。百

越族會受到中原漢族挾其強大的文化勢力南下所壓迫，處境艱難。居住於陸上者，大多被同化；居住於海岸者，其原本就有向海的特質，或被同化或被逐出而移居他鄉。冰後期大約距今 6,000 年開始，曾經造成遷徙浪潮。再加上稻米耕作而產生的人口壓力，更助長了這種民族遷徙浪潮。近現代的「蜑民」很可能就是古百越民族的後裔。[1]

二、馬祖列島的「亮島文化」

馬祖列島因位在溫熱帶冷暖海流交會處，海洋洄游性魚蝦，棲息繁衍，海產豐富。因此海濱和海洋生物具有多樣性。具有優良的海洋生態環境，自冰後期早期即為人群的活動場所。至於歷史時期的考古學證據與文獻資料只能推早到唐末至元代。而古代閩江流域的閩越族後裔「曲蹄」族，在馬祖列島自古至今仍然有他們的遺跡。[2]

馬祖列島的考古學工作始於 2001 年，福建省連江縣考古學普查，即在馬祖列島執行，也就是該地區

1　陳仲玉，2002a：38。
2　陳仲玉，2014a：20-32。

有考古遺址紀錄的開始。[3] 普查工作發現史前遺址三處，歷史時期的遺址五處。其中熾坪隴遺址於 2004 年及 2005 年兩次發掘與研究，其年代將馬祖列島的歷史推早到約 6,000B.P.。[4] 2007 年，歷史時期蔡園裡遺址的發掘，又將馬祖列島有歷史時期的證據提到晚唐。[5] 2011 年又在亮島四處地點發現史前時代遺址群。並且於 2012-15 年間，三度發掘亮島島尾 I 遺址與亮島島尾 II 遺址，在兩遺址所出土的人骨與木炭標本，經過 C14 定年與校正，為距今約 8,300-7,500 年。馬祖列島的考古學研究，也就是建立在亮島島尾與東莒熾坪隴兩處史前遺址，以及蔡園裡歷史時期遺址的田野發掘與研究工作基礎上，前後僅 11 年。從該地區的史前文化史，大致可以看出馬祖列島史前文化，充分顯示其多元性與海洋性。其文化內涵與華南福建沿海多處遺址不盡相同，但又有著相當密切的地緣關係。因而將馬祖列島的史前文化體系，命名為「亮島文化」。「亮島文化」可分成二期，即「亮島文化一期」與「亮島文化二期」；「亮島文化二期」之下又可分為「熾坪隴類型 1 期」與「熾坪隴類型 2 期」。

3　陳仲玉、劉益昌，2001。

4　陳仲玉、王花俤等，2004。

5　陳仲玉、王花俤等，2007。

其實，海洋性島嶼文化在東北亞日本、琉球群島與島嶼東南亞地區普遍地存在，但在中國沿海仍屬少見。其中的原因，可能是中國沿海各地的文化相非常複雜而多樣。沿海島嶼與大陸本質上就有著互動與依存的屬性；研究者往往只著眼於大陸的文化，而忽略了大陸與島嶼之間的異同性。

三、「亮島人」的研究

考古學其實需要多學科的科際整合。經過相關學門的合作，拜現今各項科學的檢測與分析，增加許多一般人所不知的事與物。譬如年代學的檢測，得知古人類與文化的年代。人種遺傳學 DNA 的驗測得知粒線體單倍群，再應用已有的古人種 DNA 資料比對，得知人種之間的父系或母系血緣關係。人種形態學應用顱骨的形態資料比對，亦可得知人種之間的種屬關係。此外，另有某些稀有金屬元素的分析，得知某些人類日常生活等的細節。

2011 年發現亮島島尾遺址群，並在亮島島尾 I 遺址出土兩具人類遺骸。經各自命名為「亮島人 1 號」與「亮島人 2 號」，前者為男性，後者為女性，兩者的生成年齡都在 30-40 歲間；又經 C14 定年，各為

8,320-8,060B.P. 與 7,590-7,560 B.P.。[6] 其時代恰好是在冰後期早期，自然生態環境產生巨大變遷，也是現代某些人種分化，以及人類文化自舊石器時代轉型至新石器時代的轉捩點。因是出自東亞大陸東南沿海的馬祖列島，對於探討此區域早期人類的種屬遺傳關係、發展遷徙途徑、族群分布、環境適應、生業形態、語言等諸多問題具有關鍵性的意義。尤其是南島語族的種屬、種源與起源地等諸問題。

經人種遺傳學 DNA 的研究，史同京研究群的檢測工作相當成功。粒線體的萃取分析顯示，「亮島人」1 號為 E 單倍群，與台灣、菲律賓、印尼等地的原住民有母系血緣關係，與中國大陸、中南半島無關。[7]「亮島人」2 號為 R9 單倍群。推測其母系血緣與台灣泰雅族與鄒族最接近；與中國大陸傣族、苗瑤族以及在菲律賓、印尼、馬來西亞的南島語族有關，而與漢族關係相當薄弱。[8] 並且兩個「亮島人」的 DNA 檢測成果，顯然是兩支不同的族群。但都與現今的南島語族，包括台灣某些族群的母系血緣接近，而與漢人疏遠。「亮島人」1 號因是男性，其 Y 染色體的基因經檢測為 O1a，具有這樣相同的種屬，主要分布於東

6 陳仲玉、邱鴻霖等，2012。

7 陳仲玉，2013b（附錄一）。

8 陳仲玉，2013b（附錄二）。

亞、西伯利亞、中亞和東南亞，特別分布於南島語系
印尼語人群、卡岱語人群、羌族和漢族。

　　傅巧妹研究群進而應用東亞大陸北部、南部的
26 個古人類，包括兩個「亮島人」的標本，進行基
因組的測序分析。並與現代東亞人 DNA 資料做對
比，以研究東亞人群的基因歷史。發現在新石器時代
南部東亞人，包括西南太平洋與東南亞南島語族，具
有高度的遺傳相似性，擁有密切的遺傳關係。整個東
亞和東南亞沿海地區人群之間，無遺傳隔離的現象。
沿海地區相互聯繫和基因流動，相關的環境間，起著
相互重要作用。換句話說，兩個「亮島人」均是古東
亞（蒙古種）人的一分子。關於這一點，史同京也有
類似的意見。雖然「亮島人」1 號和「亮島人」2 號
具有不同的 DNA 單倍群譜系，但這不足以表明他們
代表兩個不同的種群。畢竟今天幾乎所有的人群（包
括台灣原住民）都有不止一個 DNA 單倍群譜系。傅
巧妹研究群的常染色體 DNA 於 2020 年的研究結
果，顯示「亮島人」1 號和「亮島人」2 號非常相似。
因此，並沒有證據表明他們代表不同的種群。然而，
在目前基因數據不足的情況下，僅憑這兩件個體的數
據，不足以說明這一群體對台灣原住民有所貢獻。[9]

　　馬祖亮島考古研究群的邱鴻霖，以顱骨形態學研

9　史同京與作者的私訊。

究探討「亮島人」的種屬。蒐集東亞南部，包含台灣
顱骨形態上的親疏關係。發現與「亮島人」具有群聚
關係者，包括舊石器時代中國南方的化石人「柳江
人」、琉球群島的「港川人」與日本繩紋陶人等，以
及多為現今使用南島語的族群。這項研究成果，與傅
巧妹研究群幾乎是一致的。

　　松村博文研究群認為歐亞大陸東部的古代、現代
人類的《兩層論》。最早的第一層人類，出非洲後走
南亞而進東南亞，直至澳洲一帶的澳－巴人種，包括
泰北的賀平文化人、廣西柳江人、日本港川人、繩文
人以及「亮島人」1 號與奇和洞人等，與現代在澳
洲、南太平洋一帶的尼格里陀土著。第二層人類走亞
洲大陸北部，一直擴展至亞洲大陸東部，包括朝鮮半
島與日本諸島，甚至美洲大陸。兩層之間有著清晰的
二分法，意味著古代與現代人類穿越歐亞大陸南部和
北部的獨特遷移路徑。時間是在更新世晚期與全新世
的早期，在時間上存在深層分歧。兩者都是狩獵採集
的生活方式。最初兩者接觸有限，至 9,000B.P. 在東
亞北部的一支，因有農耕生業的出現，使得人口擴
張，而向南方漂移。促使原在亞洲南部與東南亞的族
群，迅速地混合。大約 4,000B.P. 之後，第二層族群
以更快的速度和更大的數量增長。《二層論》的主要
重點論述有二：其一為，人類自出非洲之後，即行分
支為二：一為走東亞南方，即成澳－巴人種；二為走

東亞北方，即蒙古種人。其二，南方與北方東亞人，
原先都過著狩獵採集的生活，彼此很少接觸。一直到
9,000B.P. 以後，北方東亞人因逐漸有農耕的出現，
所產生的人口壓力，而向南方擴展，尤其是 4,000B.P.
後，才造成大規模人種的混合。

　　但是，傅巧妹的研究群與廈門大學王傳超的古代
DNA 研究團隊，均不贊成這項論述。認為日本和中
國南方，所謂的第一層相關種群的遺傳樣本，顯示他
們與第二層東亞種群，在遺傳上的親緣關係更為親
密，因而兩層模式不足以描述種群的移動、更替，和
史前亞洲的混合群體。[10]

　　作者認為，在東亞的人種產生蒙古人種與澳－巴
人種是現存的事實。但是這兩者自從出非洲之後分支
的時間點，與所分支發展的路線，是整個論述的關
鍵。澳－巴人種大約 63,000B.P. 就已經存在於蘇門答
臘，[11] 他們分布在澳洲、南太平洋一帶，可能早於
「出非洲」理論的年代。將更新世晚期，在亞洲的古
人類資料，均列入澳－巴人種，引出更多的疑問。譬
如廣西柳江人，具有原始蒙古種人的特徵。[12] 生物分
類上歸於晚期智人。但是如依鈾系法測定的結果，年

10　Yang, Melinda A., Qiaomei Fu, at el., 2020.

11　吳秀傑等，2008，53（13）：15-70。

12　吳汝康，1959，1（3）：97-104。

代最小值約 67,000B.P.。如依出非洲說的年代，則柳江人與現代智人無關。[13] 而屬於蒙古種人系統，介於蒙古人種與澳大利亞－尼格里陀（澳－巴）人種之間。又如《二層論》將硫球港川人、「亮島人」1 號與奇和洞人，均將之歸入澳－巴人種。這項理論將東亞人的生成與發展的年代，推遲到晚近 1-3 萬年，則令人存疑。

　　作者比較傾向傅巧妹研究群使用 DNA 檢測分析的結果。其實傅巧妹研究群與松村博文研究群，兩者所討論的內容、標準與舉例有著相當的差異。前者多偏向東亞大陸，而後者多偏向東亞沿海、島嶼東南亞與大洲洋，他們所得的成果當然也有所差異。由於本書的重點在馬祖列島「亮島人」，因此所有的論述，集中於位在台灣海峽西岸的華南沿海。所有的論點傾向於東亞大陸沿海的區域，尤其是海洋島嶼的自然環境與海洋族群。二支「亮島人」族群，顯然是海洋民族，他們的特性就是海洋的流動性和文化的多元性。自古至今人群的流動性是可信的，尤其是得自 DNA 的檢測成果也更接近事實。同樣是用顱骨型態學的分析，邱鴻霖的研究成果，由於他的取樣與傅巧妹研究群接近，這也是可取信之處。如果松村博文研究群所有的取樣標本，同樣也有多些 DNA 資料的支援，也

13　劉武等，2006。

許會更有說服力。

在研究「亮島人」中，最後一個課題就是「亮島人」與南島語族的關係；也就是考古、人類、語言等各相關學門所重視的焦點。其實永遠無法知道二支「亮島人」族群到底說什麼語言？所以將他們與南島語族連上關係，就是因為從人種遺傳學 DNA 的研究結果，二支族群與現生台灣的某些原住民有母系血緣關係。然而，人種族群與該族群所說的語言並沒有必然的關聯性。這就是研究上古史的盲點所在。由於族群與語言的關係密切，有關聯的可能性也大，僅能作為有關聯性的假設。

台灣的史前文化與現生原住民的關係。早在上世紀六〇年代開始，就有 Ferrel、Shutler、Marck、貝爾伍德和張光直，及語言學者白樂思、李壬癸等人，一向認為台灣新石器時代最早的大坌坑文化，是原南島語族人群的文化。[14] 這項論說，在考古學方面，主要是依據在台灣各史前文化內涵與台灣原住民的文化的比較研究；以及語言學者依據南島語發展的擬測研究的結果。因而，將南島語的發生年代推測約 6,000B.P.。自從「亮島人」出現，因有人種遺傳學 DNA 的檢測結果，將他們與現生台灣的部分原住民在血緣上有了連繫。此外，在史前文化方面，發現原

14　臧振華，2012：87-119。

在馬祖列島僅發現與熾坪隴遺址相關的一系列文化，
因另有亮島遺址群系列的文化，增強了馬祖列島的史
前文化史較為完整的體系。其年代自 8,300-6,000B.P.
之間也有了重疊與銜接之處。僅就這些現象，顯然增
強了多年來，中外學者們有關南島語族起源地「華南
說」的可能性，尤其是中國東南福建沿海地區。

四、結論

　　兩具「亮島人」遺骸出土，不只是為台灣，也為
東亞地區的史前史增加了兩筆相當重要的資料。經過
十多年各相關學門同工們的科際整合研究，作者試將
個人的認知，列出以下的六點結論如下：

　　一、加強認識上古時代的海洋族群

　　中國位居東亞，緊傍太平洋，海岸線長達 18,000
餘公里；是一個兼具廣大內陸與海洋的大國。除本土
大陸之外，還有沿海的 6,500 餘座大小不等的島嶼。
地形上具有各式各樣的地質層或礫砂，多曲折的海岸
與天然的良好港灣，再加上沿岸各地絕大多數在溫帶
與亞熱帶間，氣候適中，多為優良的不凍港。又因中
國海岸地處全球最大的歐亞大陸板塊與最大的海洋—
太平洋交接處，每年有明顯規律的季節風，帶動著清
晰的海洋洋流走向，方便於沿岸居民的海上活動。古

代沿海先民，他們既然生活在那麼優良的生態環境中，必定也會產生相當水平的文化，至少可與內陸的文化匹敵。綜觀沿海地區的古文化，自北而南，渤海灣到山東半島以南，長江下游出海口和杭州灣，閩東的閩江口，閩南的九龍江口，粵東至珠江口和廣西的北部灣等地；其史前文化均可推早至 8,000-5,000B.P.。如今「亮島人」的出現，更證實了上古海洋族群在中國沿海的存在，其時間也許可推早到冰後期之始。

二、「亮島文化」將改寫福建沿海的史前文化史序列

就作者初步的觀察與比較馬祖列島周邊地區的史前文化：其一，亮島遺址的年代屬新石器時代早期，較福建閩江流域同時代的遺址為早。其二，馬祖列島史前文化與福建閩江流域新石器時代遺址的文化不盡相同，可以將馬祖列島的諸史前文化相，單獨命名為「亮島文化」。因而，福建沿海的史前文化史序列似乎要改寫。

三、「南島語族」的分化年代

以往考古學和語言學者所推測南島語族起源地，分化而出的年代，依據 Shatler 和 Marck，推測古南島語族自台灣南下遷徙至菲律賓約在 7,000-5,500B.C.[15]；

---

15 Shuter & Marck, 1988: 81-113.

白樂思[16]、貝爾伍德[17] 和李壬癸[18] 推測為 4,500 B.C.，也是大多數學者所認同的年代。「亮島人」1 號是 8,320-8,060B.P.，「亮島人」2 號是 7,590-7,530B.P.；均超過大多數學者們所擬測的年代。然而，所有的學者均是就他們的專業所得資訊來做推測。其中尤以考古學的證據為主要的來源，語言學是以古南島語擬測，以及以現生南島語族的民族學與民族志資料所做推測，缺乏人種遺傳學古 DNA 研究的直接證據。因此，「亮島人」古 DNA 的研究成果和年代學的證據，將南島語族的起源與其分化的歷史推早了。

四、語言學有關「南島語族」起源地的再思考

原來所謂「語族」，應是單純的語言學上的概念，即指一群說相同語言的人群。就如蘇爾漢所說的：「南島語基本上是一個貿易語言」，在一個區域或地區，使用通用的語言。[19] 本來使用該語言者屬於哪個人種，並無必然的關聯性。然而，考古學者以古代史和史前史的若干資料混合著探討，深深地將文化的因素與語言結合，使得「南島語族」的概念，經過多年研究，為學者們普遍接受和應用，而少於探討該

16　Blust, 1988, 26(1): 45-67.

17　Bellwood, 2004: 134,135.

18　李壬癸，2011：092。

19　Solhiem, 1988: 81.

語族的人種問題，似乎他們就是相同的人種。這兩個
「亮島人」從粒線體 DNA 的屬性來看，他們分屬於
兩種不同的族群。在 8,200-7,500B.P. 曾經就有兩個不
同的人群，到亮島這麼一座蕞爾小島上活動。對於南
島語族中的人種而言，可能是個相當複雜的問題。如
依據李壬癸與語言學者們的論述，至今福建的方言
中，閩東福州話和閩南話均尚留有不少南亞語的成
分，則作者認為二支「亮島人」族群的屬性：他們如
非原南亞語族，就是先南島語族；或者「亮島人」1
號是原南亞語族，「亮島人」2 號是先南島語族；而
兩者均是原南亞語族的可能性最高。

　　東亞大陸的沿岸是南島語族的起源地，似乎已成
定論。然而，南島語族的遷移與擴散，是在時間的跨
度上長達數千年的歷程。原南島語族在東亞東岸近一
萬公里的海岸線範圍裡，本來就是以海洋民族的特
性，遊走於沿岸海島間。他們率群外移的地點也應是
多元的，擴散的路徑也應是多元的。因此，不論是張
光直、白樂思、貝爾伍德、李壬癸和臧振華諸位學者
們有關起源地的意見，為華南沿海至中南半島地區
者，其可能性增強，尤其是福建沿海。

　　五、海洋族群的生業習性

　　依據邱鴻霖的觀察「亮島人」1 號的體質，整體
而言，體型中等並不特別高大，肌肉活動能量大、體
型結實，特別是長期從事水下活動者。案中國自遠古

時代，即有海洋民族與文化，分布於各沿海島嶼間。他們是海上的牧民，而非種植的農夫。其實，稻米的耕作是使人口擴增，造成人口的壓力，而陸地的競爭加劇，那可能是造成南島語族外遷的結果。又如張光直所提龍山形成期的人口壓力的意見，以及貝爾伍德曾著眼於稻米耕耘是南島語族的擴散因素。至於在八千多年前，是否農耕的生業方式就已經進入小型島嶼？那時是否就有了人口壓力？關於這些海洋民族生業方式的問題，似乎都要再加思考。

六、增進人種遺傳學對古南島語族 DNA 的研究

台灣一向被認為是南島語族的起源地。學者們的推論多是根據考古學與語言學上的證據。關於另一項人種遺傳學的研究，應用 DNA 的檢測所得到資料，亦僅限於現生的族群。至於很重要的古南島語族 DNA 的萃取與檢測，雖然已有若干學者曾經很費心地嘗試過，但其成功的案例並不很多。此次兩個「亮島人」的 DNA 研究，其單倍群均取得良好的成果，或許會增強學者們未來在這方面研究，具有相當的信心。

馬祖列島的考古學研究工作，自 2001 年的全面遺址普查開始至 2015 年亮島田野工作告一段落，共計 15 年。真正的田野發掘與研究大約在 2004 年以後的 10 年。在這 10 年中，作者可算是竭盡所能，所有的田野發掘工作，逐年都有田野工作研究報告。這本

書中的敘述，除了對學術界的朋友有所交待外，也對
社會大眾有所推廣。書中有關馬祖列島研究工作的基
礎理念，主要是作者所關心的人與海洋的關係。數十
年來所投注於海洋島嶼考古學的歷程，以及在亮島史
前遺址群發現的兩個「亮島人」在考古人類學的重要
性，表達個人的研究成果。其實，本書所論述到的僅
是作者的淺見。所謂「學也無涯」，關於馬祖列島考
古學與「亮島人」的研究均僅是初始的階段，至於以
後的發展還有待努力以赴。

參考書目

王永豪

　　1979，〈中國西南地區男性成年由長骨推算身高的回歸方式〉，《解剖學報》，10：1-6。

王振鏞

　　1987，〈試論福建貝丘遺址的文化類型〉，收入中國考古學會編輯，《中國考古學會第三次年會論文集》，頁 59-68，北京：文物出版社。

王振鏞、林公務

　　1981，〈閩江下游印紋陶遺存的初步分析〉，《文物集刊》，3：152-163。

王紹鴻、俞明同、唐麗玉、趙希濤

　　2001〈福建深滬灣海底古森林分布區全新世自然環境演變〉，《第四紀研究》，21（4）：352-358。

王維達

　　1984，〈河姆渡和甑皮岩陶片熱釋光年代的測定〉，《考古學集刊》，第 4 集，北京：中國社會科學出版社。

中橋孝博

　　2008〈台灣大學醫學院所藏の先史人骨及び原住民骨に見られた風習的拔齒痕〉，*Anthropological*

　　　　Science（Japanese Series）116：171-175。

北京大學、中國社會科學院等

　　1982，《石灰岩地區碳：14 樣品年代的可靠性與甑
　　　　　皮岩等遺址的年代問題》，《考古學報》，
　　　　　1982 年第 2 期。

牟永杭

　　1990，〈錢塘江以南的古文化及其相關問題〉，《福
　　　　　建文博》（閩台古文化論文集），頁 33-41，
　　　　　1990 增刊本，福州：福建省博物館。

米田穰

　　2002，〈古人骨の化学分析から見た先史人類集団の
　　　　　生業復元〉，《先史狩猟採集文化研究の新し
　　　　　い視野》，佐々木史郎編著，《国立民族学博
　　　　　物館調査報告》33：249-255。

何傳坤

　　2007，〈南島語族的原鄉在福建？〉，《國立自然科
　　　　　學博物館館訊》，237（3）：3-7。

　　2014，〈亮島人長相的法醫藝術〉，《2014 從馬祖列
　　　　　島到亞洲東南沿海：史前文化與體質遺留研
　　　　　究國際學術研討會》，頁 80-87，中央研究院
　　　　　歷史語言研究所、連江縣政府文化局合辦，
　　　　　2014 年 9 月 27-29 日。

吳汝康

　　1959，〈廣西柳州發現的人類化石〉，《古脊椎動物

與古人類》，3：97-104。

吳秀傑、劉武、董為、闕介民、王燕芳

　　2008，〈柳江人頭骨化石的 CT 掃描腦形態特徵〉，《科學通報》，53（13）：15-70。

吳春明

　　1999，《中國東南土著民族歷史與文化的考古學觀察》，廈門：廈門大學出版社。

　　2003，〈「南島語族」起源與華南民族族考〉，《東南考古研究》，3：311-321。

　　2004，〈「南島語族」起源研究述評〉，《廣西民族研究》，2：82-90。

　　2007，《海洋考古學》，北京：科學出版社。

　　2012，《從百越土著到南島海洋文化》，北京：文物出版社。

吳春明、陳文

　　2003，〈「南島語族」起源研究中「閩臺說」商榷〉，《民族研究》，4：75-83、109。

吳春明、曹峻

　　2005，〈南島語族起源研究中的四個誤區〉《廈門大學學報（哲學社會科學版）》，3：85-93。

吳新智

　　1988，〈中國和歐洲早期智人的比較研究〉，《人類學學報》，7：287-293。

　　1990，〈中國遠古人類的進化〉，《人類學學報》，9：

312-321。

1998，〈從中國晚期智人顱牙特徵看中國現代人起源〉《人類學學報》，17：276-282。

2005，〈現代人類多地起源〉，《人類學學報》，4：259-262。

2006，〈現代人起源的多地區進化說在中國的實證〉，《第四紀研究》，26：702-709。

李壬癸

1997a，〈臺灣土著民族的來源——從語言的證據推論〉，《臺灣南島民族的族群遷移》（增訂新版）：18-54，台北：前衛出版社。

1997b，〈臺灣南島民族的遷移歷史〉，《臺灣南島民族的族群遷移》（增訂新版）：55-73，台北：前衛出版社。

1997c，〈細說臺灣南島語言的分布與分化〉，《臺灣南島民族的族群遷移》（增訂新版）：88-112，台北：前衛出版社。

李伯謙

1981，〈我國南方地區印紋陶遺存的分區、分期及其有關問題〉，《北京大學學報》：13-56，北京：文物出版社。

李珍

2014，〈廣西史前墓葬的認識〉，《2014 從馬祖列島到亞洲東南沿海：史前文化與體質遺留研究

國際學術研討會》：388-399，中央研究院歷史語言研究所、連江縣政府文化局合辦，2014 年 9 月 27-29 日。

李家治等

1979，〈河姆渡遺址陶器的研究〉，《矽酸鹽學報》，2：105-112。

李輝

2014，〈亞洲東南沿海的 Y 染色體譜系研究〉，《2014 從馬祖列島到亞洲東南沿海：史前文化與體質遺留研究國際學術研討會》：109-122，中央研究院歷史語言研究所、連江縣政府文化局合辦，2014 年 9 月 27-29 日。

邵廣昭

2011，〈馬祖沿海魚類資源之永續利用〉，收入臧振華、陳仲玉編，《2011 馬祖研究：馬祖列島與海洋環境文化》：161-175，福建省連江縣政府文化局。

邱鴻霖、陳仲玉

2013，〈馬祖亮島島尾 I 遺址出土人骨研究〉，《金關丈夫文庫贈藏紀念展暨跨領域的南方考古學國際研討會議論文集》：87-109，台北：臺灣大學總圖書館，2013。

邱鴻霖、陳仲玉、游鎮烽

2015，《馬祖亮島島尾遺址群綜合研究計畫成果報

告》，連江縣政府文化局委託，新竹：國立清
　　　華大學人類學研究所執行。

林公務
　1990，〈福建史前文化遺存概論〉，《福建文博》：
　　　62-82，福州：福建省博物館，1990 增刊本。

林惠祥
　1954，〈福建南部的新石器時代遺址〉，《考古學
　　　報》，8：49-65。
　1958，〈中國東南區新石器文化特徵之一：有段石
　　　錛〉，《考古學報》3：1-23。

林媽利
　2001，〈從 DNA 的研究看臺灣原住民的來源〉，《語
　　　言暨語言學》，2（1）：241-246。

金關丈夫
　1953，〈台湾居住民族を中心とした-東南亜諸民族
　　　の人類学〉，《福岡医学会雑誌》，43（2）：
　　　1-13。

洪曉純
　2005，〈臺灣及其鄰近島嶼的史前文化關係〉，《中
　　　國東南沿海島嶼考古學研討會論文集》，頁 249-
　　　269，連江縣文化局、中央研究院人文社會科
　　　學研究中心考古學專題研究中心合辦，
　　　2005.10.29,30。連江縣南竿。
　2009，〈跨越南海的史前貿易活動〉，《環東亞海域：

　　七海研究研討會》：1-1：1-17，台北：中央研
　　究院人文社會科學研究中心。

洪曉純、張弛

　2014，〈華南及東南亞史前文化脈絡下的亮島人〉，
　　《2014 從馬祖列島到亞洲東南沿海：史前文
　　化與體質遺留研究國際學術研討會》：2-19，
　　中央研究院歷史語言研究所、連江縣政府文
　　化局合辦，2014 年 9 月 27-29 日。

宮本一夫

　2009，《農耕の起源を探る：イネの来た道》，東
　　京：吉川弘文館。

高星、張曉凌、楊東亞、吳新智

　2010，〈現代中國人起源與人類演化的區域性多樣化
　　模式〉，《中國科學 地球科學》，40（9）：
　　1287-1300。

夏鼐

　1959，《關於考古學上文化的定名問題》，《考古》，
　　1959 年第 4 期（總 34 期）。

徐景熹等

　1967，《福州府志》（影印乾隆十九年版），台北：
　　成文出版社。

浙江省文物考古研究所

　2003，《河姆渡：新石器時代遺址考古發掘報告》（上
　　冊），北京：文物出版社。

浙江省文物考古研究所、河姆渡遺址考古隊

　　2007，〈浙江浦江縣上山遺址發掘簡報〉，《考古》，
　　　　9：775-788。

浙江省文物考古研究所、浦江博物館

　　1980，〈浙江河姆渡遺址第二期發掘的主要收穫〉，
　　　　《文物》，5：1-17。

　　1978，〈河姆渡遺址第一期發掘報告〉，《考古學
　　　　報》，1：39-93。

浙江省文物考古研究所、寧波市文化遺產管理研究
院、餘姚市河姆渡遺址博物館

　　2021，〈浙江餘姚市井頭山新石器時代遺址〉，《考
　　　　古》，7：3-26。

浙江省文物考古研究所、蕭山博物館

　　2004，《跨湖橋》（浦陽江流域考古報告之一），北
　　　　京：文物出版社。

凌純聲

　　1950，〈東南亞古文化研究發凡〉，《新生報民族學
　　　　研究專刊》（1950 年 3 月 22 日）；又見《主
　　　　義與國策》，44：1-3。

　　1952，〈古代閩越人與台灣土著族〉，《學術季刊》，
　　　　1（2）：36-52。

張之恒

　　1981，〈略論我國東南沿海地區的印紋陶〉，《文物
　　　　集刊》，（3）：62-69。

張光直

　　1969a，〈華南史前民族文化史提綱〉，《中央研究院
　　　　　民族學研究所集刊》，7：43-103。

　　1969b，〈中國南部的史前文化〉，《中央研究院歷史
　　　　　語言研究所集刊》，41（2）：143-177。

　　1987，〈中國東南海岸考古與東南民族起源問題〉，
　　　　　《南方考古民族》，1：1-14。

張繼宗

　　2001，〈中國漢族女性長骨推斷身高的研究〉，《人
　　　　　類學學報》，20（4）：302-307。

郭健新、鄧曉華、王傳超

　　2021，〈南島語族起源與擴散的考古學和古基因組學
　　　　　觀察〉，《人類學研究集刊》，3：301-315。

郭素秋、劉益昌

　　2005，《金門移民適應與遷徙調查研究（史前期）》，
　　　　　金門：金門國家公園管理處委託，中華民國
　　　　　國家公園學會。

梁敏、張均如

　　1996，《侗台語族概論》，北京：中國社會科學出版
　　　　　社。

陳有貝

　　2014，〈臺灣史前漁業資料探討：兼論南島語族問
　　　　　題〉，《2014 從馬祖列島到亞洲東南沿海：史
　　　　　前文化與體質遺留研究國際學術研討會》，頁

　　　　　88-100，中央研究院歷史語言研究所，連江
　　　　　縣政府文化局合辦，2014 年 9 月 27-29 日。
陳仲玉
　　1983，〈論中國的「中石器時代」〉，《大陸雜誌》，
　　　　　67（5）：228-243。
　　1997，《金門島考古遺址調查研究》，金門：金門國
　　　　　家公園管理處委託，中央研究院歷史語言研
　　　　　究所執行。
　　2001，〈脆弱的島嶼生態與文化〉，《大自然》，72：
　　　　　96-97。台北：中華民國自然生態保育協
　　　　　會，。
　　2004a，〈金門史前時代的文化〉，收入王秋桂主編，
　　　　　《金門歷史、文化與生態國際學術研討會論
　　　　　文集》，頁 11-29，台北：施合鄭民俗文化基
　　　　　金會。
　　2004b，〈談馬祖熾坪隴史前遺址的文化屬性〉，《百
　　　　　越民族研究國際研討會論文集》，福建武夷
　　　　　山，2004 年 11 月 14-17 日。
　　2005，〈略論島嶼史前考古學的基礎〉，《中國東南
　　　　　沿海嶼考古學研討會論文集》，連江縣文化
　　　　　局、中央研究院人文社會科學研究中心考古
　　　　　學專題研究中心合辦，2005 年 10 月 29-30
　　　　　日。連江縣南竿。
　　2011a，〈古代馬祖列島的考古學考察〉，《2011 福建

省金馬歷史回顧與展望學術研討會論文集》，頁 269-280，金門大學人文社會學院，2011.10，金門：福建省政府出版。

2011b，〈談馬祖列島的「曲蹄」族〉，《馬祖列島與海洋環境文化國際學術研討會論文集》，連江縣政府文化局、中央研究院人文社會科學研究中心考古學專題研究中心合辦，2005 年 10 月 29-30 日；《2011 馬祖研究》，頁 67-80，連江縣南竿。

2012a，〈以考古學重建「馬祖列島」的歷史〉，《文化馬祖》（2011 馬祖文化年鑑），頁 67-80，南竿：福建省連江縣政府文化局。

2012b，〈馬祖列島新石器時代的海洋聚落〉，《海洋遺產與考古》，頁 39-47，廈門：廈門大學出版社。

2013a，〈馬祖列島考古學的新發現〉，《文化資產保存學刊》，23：49-54，台北：文化部文化資產局，。

2013b，《「亮島人」DNA 研究》，南竿：連江縣政府文化局。

2014a，〈「亮島人」所引起南島語族研究的若干問題〉，《2014 從馬祖列島到亞洲東南沿海：史前文化與體質遺留研究國際學術研討會》，頁 88-100，中央研究院歷史語言研究

所、連江縣政府文化局合辦，2014 年 9 月
27-29 日。

2014b，〈馬祖列島的史前文化與「亮島人」〉，《歷
史文物》（國立歷史博物館館刊），12：
9-65。

2015，〈懸崖上的考古發掘：八千歲「亮島人」出土
的故事〉，《知識饗宴》系列，《11》：149-
171，台北：中央研究院。

2017，〈談福建曲蹄族與白水族的源流〉，《閩商文
化研究》，15（一）：1-11，福州：閩商文化
研究院、福州大學。

陳仲玉、王花俤、游桂香、尹意智

2005，《馬祖東莒熾坪隴史前遺址第二期研究報
告》，行政院文化建設委員會贊助，馬祖民俗
文物館委託，馬祖藝文協會主辦，連江縣南
竿鄉。

2008，〈馬祖東莒島蔡園裡遺址試掘〉，《環臺灣地
區考古學國際研討會暨 2007 年度臺灣考古工
作會報論文集》：III-B：1-31，國立臺灣大學
人類學系主辦，2008 年 8 月 10-11 日，台
北。

2007《馬祖地區考古遺址田野調查與研究計畫》，馬
祖民俗文物館委託，馬祖藝文協會主辦，連江
縣南竿鄉。

陳仲玉、王花俤、王建華、林秀萍、林錦鴻、游桂
香、賀廣義、潘建國

　　2004，《馬祖東莒熾坪隴史前遺址的研究計畫》，馬
　　　　　祖民俗文物館委託，馬祖藝文協會研究，
　　　　　2004 年 12 月。

陳仲玉、游桂香

　　2010，〈馬祖東莒島蔡園裡遺址的陶瓷〉，《福建文
　　　　　博》，（2）：1-3、91。

陳仲玉、楊淑玲、高韻華

　　1989，《蘭嶼考古學初步調查》，內政部營建署委
　　　　　託，中華民國自然生態保育協會調查，台
　　　　　北，1989 年 1 月。

陳仲玉、邱鴻霖、游桂香、尹意智、林芳儀

　　2012a，《馬祖亮島島尾 I 遺址試掘》，連江縣政府文
　　　　　化局委託，馬祖亮島考古隊研究，2012 年 7
　　　　　月 30 日，連江縣南竿鄉。

　　2012b，〈馬祖亮島島尾遺址群的發現與「亮島人」
　　　　　出土〉，《2011-2012 年臺灣考古工作會報研
　　　　　討會論文集》，國立自然科學博物館人類學
　　　　　組、國立暨南大學人類學研究所主辦，2012
　　　　　年 11 月 2-3 日。

　　2013，《馬祖亮島島尾遺址群發掘及「亮島人」修復
　　　　　計畫》，連江縣南竿鄉：連江縣政府出版。

　　2014，〈馬祖亮島島尾遺址發掘報告〉，《2013 年臺

灣考古工作會報會議論文集》，台北：國立臺
灣大學。

陳仲玉、董倫道

1995，《金門地區考古遺址初步調查（一）》，內政
部營建署委託，中華民國國家公園學會調
查，台北。

陳仲玉、潘建國、尹意智

2016，《馬祖亮島島尾遺址群第三次發掘報告》，連
江縣政府出版，連江縣南竿鄉。

陳仲玉、劉益昌

2001，《台閩地區考古遺址普查研究計畫（第六
期）》，內政部委託，中央研究院歷史語言研
究所執行，2001 年 1-12 月，台北。

陳仲玉、劉紹臣

2016，《馬祖列島自然環境與文化史研究》，連江縣
政府出版，連江縣南竿鄉。

陳存洗、陳龍

1983，〈閩侯曇石山遺址發掘新收穫〉，《福建文
博》，1：6-29。

陳伯楨（Chen, Po-chan）

1999，〈南島語族起源與擴散研究所遭遇之問題〉，
《人類與文化》，32/33：55-69，國立臺灣大
學人類學系，台北。

陳叔倬

　　2016，〈從粒線體基因組系譜看亮島人 1 號的來
　　　　源〉，《國立自然科學博物館館訊》（3403）：
　　　　3-5，國立自然科學博物館，台中。

陳叔倬、何傳坤

　　2010，〈南島語群之東亞大陸原鄉與遷徙路徑之遺傳
　　　　人類學研究〉，《國立自然科學博物館館訊》，
　　　　N0. 2683：2-5。

陳叔倬、許木柱

　　2001，〈臺灣原鄉論的震撼：族群遺傳基因資料的評
　　　　析〉，*Language and Linguistics* 2.1: 231-235。

陳國土編纂

　　1979，《連江縣誌》，連江縣南竿鄉：連江縣縣誌編
　　　　纂委員會。

陳國強

　　1980，〈居住我國大陸台灣的古閩越族〉，《廈門大
　　　　學學報》（哲學社會科學版），4：148-157。

陳堯峰

　　2002，〈遺傳變異在探討南島民族起源遷徙與演化之
　　　　應用〉，《國立臺灣大學考古人類學刊》，59：
　　　　72-89。

陳堯峰、陳叔倬、朱家琳、陳嘉祥、王豐裕、葉日
弌、鄭萱怡、許木柱

　　2007，〈臺灣原住民 Y 染色體微衛星基因座之遺傳人

類學研究〉,《慈濟大學人文社會科學學刊》,
　　　6:195-218。

陳堯峰、陳叔倬、許木柱
　　2011,〈起源地或轉運站?遺傳學研究在南島語族的
　　　貢獻與挑戰〉,《慈濟大學人文與社會科學簡
　　　訊》,12(3):41-49。

莫世泰
　　1983,〈華南地區男性成年人由長骨長度推算身長的
　　　回歸方程〉,《人類學報》,2(1):80-85。

郭健新,鄧曉華,王傳超
　　2021,〈南島語族起源與擴散的考古學和古基因組學
　　　觀察〉,《人類學研究集刊》,3:325-356。

郭素秋、劉益昌
　　2005,《金門移民適應與遷徙調查研究(史前期)》,
　　　金門國家公園管理處委託,中華民國國家公
　　　園學會。

崔　勇
　　2014,〈從高明古椰遺址看「南島語族」分布狀況〉,
　　　《2014 從馬祖列島到亞洲東南沿海:史前文
　　　化與體質遺留研究國際學術研討會》,頁 339-
　　　346,中央研究院歷史語言研究所、連江縣政
　　　府文化局合辦,2014 年 9 月 27-29 日。

賀　剛
　　2014,〈華南史前屈肢葬及其相關問題〉,《2014 從

馬祖列島到亞洲東南沿海：史前文化與體質
遺留研究國際學術研討會》，頁 400-423，中
央研究院歷史語言研究所、連江縣政府文化
局合辦，2014 年 9 月 27-29 日。

傅憲國

1988，〈論有段石錛和有肩石斧〉，《考古學報》，1：
1-36。

焦天龍

2002，〈張光直教授的考古貢獻筆談：東南沿海的史
前文化與南島語族之擴散〉，《中原文物》，
（2）：13-16。

焦天龍、范雪春

2010，《福建與南島語族》，北京：中華書局。

焦天龍、郭正府

2014，〈跨湖橋與東南沿海早期新石器時代的航
海〉，《2014 從馬祖列島到亞洲東南沿海：史
前文化與體質遺留研究國際學術研討會》，頁
56-73，中央研究院歷史語言研究所、連江縣
政府文化局合辦，2014 年 9 月 27-29 日。

黃士強

1982，《金門考古調查》，教育部委託，臺灣大學人
類學系，台北。

1974，〈台南縣歸仁鄉八甲村遺址調查〉，《國立臺
灣大學考古人類學刊》，35/36：62-68。

黃渭金

　　2006，〈河姆渡遺址制陶工藝考察〉,《史前研究》
　　　　2006：132 -140。

葉國慶、辛土成

　　1963，〈居住在我國大陸和台灣的古閩越族〉,《廈
　　　　門大學學報》，4：148-157。

葛應欽／Ying-Chin Ko, Albert Ming-Shan Ko

　　2014，〈以亮島人基因標誌演化重建早期南島語族歷
　　　　史〉,《2014 從馬祖列島到亞洲東南沿海：史
　　　　前文化與體質遺留研究國際學術研討會》，頁
　　　　107、108，中央研究院歷史語言研究所，連
　　　　江縣政府文化局合辦，2014 年 9 月 27-29
　　　　日，連江縣南竿鄉。

董楚平

　　2002，〈東西方太陽神形象比較研究〉,《河姆渡文
　　　　化新論》，頁 153-159，北京：海洋出版社。

福建省連江縣縣誌編輯委員會

　　1979，《福建省連江縣誌》（第一冊），〈亮島簡史〉,
　　　　連江縣南竿鄉：福建省連江縣縣誌編輯委員
　　　　會。

福建省博物院

　　1991，〈福建平潭殼丘頭遺址發掘簡報〉,《考古》7：
　　　　587-599。

　　2009，〈2004 年福建平潭殼丘頭遺址發掘報告〉,《福

建文博》，1：1-15。

福建省博物館

1976，〈閩侯曇石山遺址第六次發掘報告〉，《考古學報》，1：83-118。

福建省博物院，龍岩市文化出版局

2013，〈福建漳平市奇和洞史前遺址發掘簡報〉，《考古》，5：423- 433。

鄭祖庚

1974，《閩縣鄉土志》，台北：成文出版社。

劉武、吳秀傑、汪良

2006，〈柳江人頭骨形態特徵及柳江人演化的一些問題〉，《人類學學報》，3：177-194。

劉益昌

2011，〈住民志·考古邊篇〉，《臺灣全志》，台北：國史館臺灣文獻館。

甌燕

1994，〈試論史前南海地區沙丘和貝丘遺址〉，收入深圳博物館編，《深圳考古發現與研究》頁168-179，北京：文物出版社。

臧振華

2013，〈再思大坌坑文化圈與南島語族的起源地問題〉，收入陳光祖主編，《東亞考古學的再思：張光直先生逝世十周年紀念論文集》，台北：中央研究院歷史語言研究所，頁1-20。

2012，〈再論南島語族起源問題〉，《南島研究學報》：
　　　87-119。

2009，〈新石器時代跨越臺灣海峽的人群移動：對南
　　　島語族起源與擴散問題的意涵〉，《南島民族
　　　的分類與擴散：人類學、考古學、遺傳學、
　　　語言學的整合研究期終研討會》，台北：中央
　　　研究院語言學研究所，2009 年 1 月 17 日。

2008a，《南島民族的分類與擴散：人類學、考古學、
　　　遺傳學、語言學的整合研究：南島語族起源
　　　與擴散的考古學研究：臺灣的證據》（子計
　　　畫三）期末報告，台北：中央研究院歷史語
　　　言研究所。

2008b，〈關於南島語族起源問題：台灣的考古證
　　　據〉，《環臺灣地區考古學國際研討會暨 2007
　　　年度臺灣考古工作會報》，頁 VII-A：
　　　1-209，國立臺灣大學人類學系主辦，2008
　　　年 5 月 10-11 日。

2001，〈從 "Polynesian origins: Insights from the Y
　　　chromosome"一文談南島民族的起源與擴散問
　　　題〉，《語言暨語言學》，2（1）：253-260。

2000，〈呂宋島考古與南島語族起源與擴散問題〉，
　　　《東南亞之變貌》，頁 3-26，台北：中央研究
　　　院東南亞區域研究計畫。

羅萊（Rolett, Barry V.）原著，吳春明中譯

2007，〈中國東南與南島語族航海術之出現〉，收入中國百越民族史研究會編，《百越研究》第一輯，南寧：廣西科學技術出版社，頁 498-505。

羅萊（Rolett, Barry V.）、焦天龍、林公務

2002，〈航海術、新石器時代台灣海峽的交流與南島語族的起源〉，《福建文博》，2002（1）：102-107。

Bellwood, Peter

1980, "The peopling of the Pacific." *Scientific American* 243（5）: 174-185.

1991, "The Austronesian dispersal and the origin of language." *Scientific American* 265（1）: 88-93.

1995, "Hierarchy, founder ideology and Austronesian expansion." *Origins, Ancestry and Alliance*, edited by J. Fox and C. Sather, Department of Anthropology, Comparative Austronesian Project, ANU, Canberra. pp. 19-41.

1997, "Taiwan and the prehistory of the Austronesian-speaking peoples." *Review Of Archaeology* 18（2）: 39-48.

2000, "Formosan prehistory and Austronesian dispersal." *Austronesian Taiwan: Linguistics, History,*

Ethnology, and prehistory, edited by David Blundell, Phoebe A. Hearst Museum of Anthropology, University of California and Shung Ye Museum of Formosan Aborigines, Taipei: SMC Publishing, Inc., pp. 337-365.

2004, *The Earliest Farmers-the Origins of Agricultural Societies*. Blackwell Publishing: Oxford, UK. 2004: 134,135.

2005, "Costal south China, Taiwan, and the prehistory of Austronesian." *The Archaeology of Southeast Coastal Island of China Conference*, edited by Chung-yu Chen and Jien-kuo Pan, The Bureau of Culture, Lienchiang County Government, Taiwan, pp.1-22.

2006, "Asian farming diasporas? Agriculture, languages, and genes in China and Southeast Asia." *Archaeology of Asia*, edited by M.Stark, Blackwell Publishing, pp. 96-118.

2014, "The Human Populations and Archaeology of Southeast China and Norther Southeast Asia: Pre-Neolithic（Mesolithic?）into Neolithic." 2014 *From Matsu Archipelago to Southeast Coast of Asia: International Symposium on the Studies of Prehistoric Cultural and Physical Remains*,

Institute of History and Philology, Academia Sinica and Lianjiang County Government, Nangang Matsu, 2014.09.27, 28: 48-55.

1984-5, "A hypothesis for Austronesian origins."*Asian Perspectives* 26（1）: 107-117.

2017, *First Islanders: Prehistory and Human Migration in Island Southeast Asia*, Blackwell Publishing: Oxford, UK. 2017.

Bellwood, Peter and Eusebio Dizon

2005, "The Batanes Archaeological Project and the 'out of Taiwan'hypothesis for Austronesian dispersal." *Journal of Austronesian Studies* 1（1）: 1-33（in English with Chinese abstract）.

2008, "Austronesian cultural origin: Out of Taiwan, via the Batanes Island, and onward to weatern Polynesia." *Past Human Migrations in East Asia. Matching Archaeology, Linguistics and Genetics*, edited by Alicia Sanchez-Mazas, R. B. Malcolm, D, Ross, Ikia Peiros and Marie Lin, Routledge Taylor & Francis Group, New York, pp. 23-39.

Benedict, Paul K

1975, *Austro-Thai: Language and Culture with Glossary of Root*. Human Relations Area File Press. New Haven, USA, Benerecetti, A. S.;

Semino, O.; Bandelt, H.-J.; Torroni, A..

2001, "International Human Genome Sequencing Consortium. Initial sequencing and analysis of the human genome." *Nature* 409（Issue 6822）。

2006, "The scenario of a back-migration into Africa is supported by another feature of the mtDNA phylogeny." "Haplogroup M's Eurasian sister clade, haplogroup N, which has a very similar age to M and no indication of an African origin." *Science* 314（Issue 5806）。

Bentley, R. Alexander, Baptiste Pradier, Jing Liu, Lirong Jiang, Mengge Wang, Pengyu Chen, Yiping Hou, Zheng Wang

2021, "Kinship and migration in prehistoric mainland Southeast Asia: An overview of isotopic evidence." *Archaeological Research in Asia* 25.

Blust, Robert.

1976, "Austronesian culture history: Some linguistic inferences and their relations to the archaeological record." *World Archaeology* 8（1）: 19-43.

1988, "The Austronesian homeland: A linguistic perspective." *Asian Perspectives* 26（1）: 45-67.

1995, "The prehistory of the Austronesian-speaking peoples: A view from Language." *Journal of*

World Prehistory 9（4）: 453-510.

1996b, "Beyond the Austronesian homeland: The Austric hypothesis and its implications for archaeology." *Prehistoric Settlement of the Pacific*, edited by W. Goodenough, Philadelphia: American Philosophical Society, pp.117-140.

2006, "The scenario of a back-migration into Africa is supported by another feature of the mtDNA phylogeny." "Haplogroup M's Eurasian sister clade, haplogroup N, which has a very similar age to M and no indication of an African origin." *Science* 314（Issue 5806）。

1996a, *Beyong the Asutronesian homeland: the Austric Hypothesis and its implications for archaeology.* Transactions of the American Philosophical Society, New Series, Vol. 86, No. 5, pp. 117-158.

Chang , Kwang-chih

1964, "Prehistoric and early historic cultural horizons and traditions in South China." *Current Anthropology* 5（5）: 359, 368-375.

1969, *Fengpitou, Tapenkeng and the Prehistory of Taiwan*. New Haven: Department of Anthropology, Yale University, pp. 240-242.

1989, "Taiwan archaeology in Pacific perspective." In

K. C. Chang, et al. edited *Anthropological Studies of the Taiwan Area: Accomplishments and Prospects*, Taipei: Department of Anthropology, National Taiwan University.

1995, "Taiwan Strait archaeology and Proto-Austronesian." *Austronesian Studies Relating to Taiwan*, edited by Paul Jen-Kuei Li, Cheng-hwa Tsang, Y.K., Huang, D. A., Ho and C. Y. Tseng, Symposium Series No. 3 of the Institute of History and Philology, Academic Sinica, Taipei, pp.161-183.

Chen, Chung-yu

2000, "Chinese Fisherman in the South China Sea to the Twentieth Century." *Proceedings of the 16th Conference of the International Association of Historians of Asia*. Kota Kinabalu, Sabah, Malaysia, July 27-31, 2000.

2019, "Perspectives on Early Holocene Maritime Ethnic Groups of the Taiwan Strait Based on the 'Liangdao Man' Skeletons." *Prehistoric Maritime and Seafaring in East Asia*, The Asia-Pacific Navigation 1, Editors: Chunming Wu, Barry Vladimir Rolett, Springer Nature Singapore Ptd Ltd, 2019, Singapore.

2013, "The Discovery of Earliest Austronesians Skeletons in Matsu Archipelago." Proceeding of *East Asian Anthropology Association Conference*, November 15-17, 2013, Xiamen Fujiang China.

1998, "Sea Nomads in Prehistory on the Southeast Coast of China." Proceedings of the 16th Congress of the Indo-pacific Prehistoric Association, 1-7 July, 1998, Melaka, Malaysian.

Delfin,Frederick, Albert Min-Shan Ko, Mingkun Li, Ellen D. unnarsdóttir, Kristina A, Tabbada, Jazelyn M Salvador, Gayvelline C. Calacal, Minerva S Sagum, Francisco A Datar, Sabino G Padilla, Maria Corazon A De Ungria, Mark Stoneking

2014, "Complete mtDNA genomes of Filipino ethnolinguistic groups: a melting pot of recent and ancient lineages in the Asia-Pacific region." *European Journal of Human Genetics* 2014 22: 228-237.

Diamond, J. M.

1988, "Express train to Polynesia." *Nature* 336, pp. 307-308.

Duggan, Ana T. and Mark Stoneking

2014, "Recent developments in the genetic history of East Asia and Oceania." *Current Opinion in*

Genetics & Development 2014, 29: 9-14.

Dyen, Isidore

1965, "A Lexicostatistical Classification of the Austronesian Languages." *International Journal of American Linguistics Memoir 19*. Baltimore: Indiana University Publications in Anthropology and Linguistics, Waverly Press, Inc..

Ferrell, Raleigh

1969, *Taiwan Aboriginal Groups: Problems in Cultural and Linguistic Classification*. Institute of Ethnology, Academia Sinica, Monograph No.17.

1966, "The Formosan tribes: a preliminary linguistic, archaeological, and cultural Synthesis." *Bulletin of Institute of Ethnology, Academia Sinica*, No. 21, pp. 97-130.

Guanglin He, Yingxiang Li, Xing Zou, Hui-Yuan Yeh, Renkuan Tang, Peixin Wang, Jingya Bai, Xiaomin Yang, Zheng Wang, Jianxin Guo, Jinwen Chen, Jing Chen, Meiqing Yang, Jing Zhao, Jin Sun, Kongyang Zhu, Hao Ma1, Rui Wang, Wenjiao Yang, Rong Hu, Lan-Hai Wei, Yiping Hou, Mengge Wang, Gang Chen, and Chuan-Chao Wang

2022, "The northern gene flow into southeastern East Asians inferred from genome-wide array genotyping." *Journal of Systematics and Evolution*, Institute of Botany, Chinese Academy of Sciences, April 2022.

Heine-Geldern, Robert

1932, "Urheimat und Früheste Wanderungen dez Austronesier." *Anthropos*, 27: 3/4 , pp. 543-619.

Hershey AD, Chase M.

1952, "Independent functions of viral protein and nucleic acid in growth of bacteriophage." *The Journal of General Physiology* 36: 39-56. PMID 12981234. doi:10.1085/Jgp.36.11.39.

Hirofumi Matsumura, Hsiao-chun Hung, Charles Higham, Chi Zhang, Mariko Yamagata, Lan Cuong Nguyen, Zhen Li, Xue-chun Fan, Truman Simanjuntak, AdhiAgus Oktaviana, Jia-ning He, Chung-yu Chen, Chien-kuo Pan, Gang He, Guo-ping Sun, Wei-jin Huang, Xin-wei Li

2019, "Craniometrics Reveal "Two Layers" of Prehistoric Human Dispersal in Eastern Eurasia." *Nature Reports,* February 5, 2019.

Xing-tao Wei, Kate Domett, Siân Halcrow, Kim Dung Nguyen, Hoang Hiep Trinh, Chi Hoang Bui, Khanh Trung Kien Nguyen , Andreas Reinecke, Hirofumi Matsumura, Hsiao-chun Hung, Charles Higham, Chi Zhang, Mariko Yamagata, Lan Cuong Nguyen, Zhen Li, Xue-chun Fan,

Truman Simanjuntak, Adhi Agus Oktaviana, Jia-ning He, Chung-yu Chen, Chien-kuo Pan, Gang He, Guo-ping Sun, Weijin Huang, Xin-wei Li, Xing-tao Wei, Kate Domett, Siân Halcrow, Kim Dung Nguyen, Hoang Hiep Trinh, Chi Hoang Bui, Khanh Trung Kien Nguyen & Andreas Reinecke

2020, "Craniometrics Reveal'Two Layers'of Prehistoric Human Dispersal in Eastern Eurasia," Scientific Report, *Nature*, April 14 , 2020.

Hrdlicka, Ales

1920, "Shovel-shap;e teeth." *American Journal of Physical Anthropology* 3: 429-465.

Jansen, E., J. Overpeck, K.R. Briffa, J.-C. Duplessy, F. Joos, V. Masson-Delmotte, D. Olago, B. Otto-Bliesner, W. R. Peltier, S. Rahmstorf, R. Ramesh, D. Raynaud, D. Rind, O. Solomina, R. Villalba and D. Zhang

2007, *Palaeoclimate. In: Climate Change 2007: The Physical Science Basis.* Contribution of Working Group I to the Fourth Assessment Report of the Intergovernmental Panel on Climate Change, Solomon, S., D. Qin, M. Manning, Z. Chen, M. Marquis, K. B. Averyt, M. Tignor and H. L. Miller eds.. Cambridge University Press, Cambridge, United Kingdom and New York, NY,

　　　USA.

Jacob, T.

　　1967, *Some problems pertaining to the racial history of the Indonesian regions.* Ph.D. dissertation, University of Utrecht.

Ko, Albert Min-Shan, Chen, Chung-Yu, Fu, Qiaomei, Delfin, Fredrick, Li, Mingkun, Chiu, Hung-Lin, Stoneking, Mark and Ko, Ying-Chin

　　2014, "Early Austronesian: Into and Out Taiwan." *The American Journal of Human Genetics* No. 94, 426-436, March 6, 2014.

Ko, Albert Min-Shan; Fu, Qiaomei; Chiu, Hung-Lin; Chen, Chung-Yu; Stoneking, Mark

　　2016, Genetic Prehistory of Austronesian People, *Nature Communication.* Submission date: January 4, 2016.

Li, Jen-kuei

　　2015, "The Discovery of Liangdao Man and its implications for the Pre-Austronesian homeland." *Juarnal of Chinese Linguistics*, Vol. 43, No.1A, January, 2015, pp. 224-231, The Chinese University of Hong Kong Press.

　　2014, "Prehistoric People in Coastal Southeast Asia:Linguistic Evidence." *Preceding of 2014*

From Matsu Archipelago to Southeast Coast of Asia: International Symposium on the Studies of Prehistoric Cultural and Physical Remains：2-8.

Lin, Wei-ping

2021, *Island Fantasia-Imagining Subjects on the Military Frontline between China and Taiwan*, Taiwan Studies Series, Cambridge University Press.

Larena, Maximilian; Federico Sanchez-Quinto, Per Sjödin, James McKenna, Carlo Ebeo, Rebecca Reyes, Ophelia Casel, Jin-Yuan Huang, Kim Pullupul Hagada, Dennis Guilay, Jennelyn Reyes, Fatima Pir Allian, Virgilio Mori, Lahaina Sue Azarcon, Alma Manera, Celito Terando, Lucio Jamero Jr, Gauden Sireg, Renefe Manginsay-Tremedal, Maria Shiela Labos, Richard Dian Vilar, Acram Latiph, Rodelio Linsahay Saway, Erwin Martez, Pablito Magbanua, Amor Morales, Ismael Java, Rudy Revechedd, Becky Barrios, Erlinda Burton, Jesus Christopher Salon, Ma. Junaliah, Tuazon Kels, Adrian Albano, Rose Beatrix Cruz-Angeles, Edison Molanida, Lena Granehäll, Mário Vicente, Hanna Edlund, Jun-Hun Loo, Jean Trejaut, Simon, Y. W. Ho, Lawrence Reid, Helena Malmström, Carina Schlebusch, Kurt Lambeck, Phillip Endicott, and Mattias Jakobsson.

2021, "Multiple migrations to the Philippines during the last 50,000 years." *Proceeding of National Academy of Science*, USA, 2021 Vol. 118, No. 13.

Maglana, Matthew Constancio

2016, "Understanding Identity and Diaspora: The Case of the Sama-Bajau of Maritime Southeast Asia." *Jurnal Sejarah Citra Lekha* 1（2）: 71（12 December 2016）.

Matthew Warren

2018, "First ancient-human hybrid--A direct descendant of two different groups of early humans has been found in Russia." *Nature* Vol. 560: 417-418, 23 August.

Meacham, William

2004, *Southeast Asian Archaeology: Wilhelm G. Solheim II Festschrift*, Quezon City: The University of the Philippines Press , p. 62.

1995, "Austronesian Origins and the Peopling of Taiwan." In P. J-K. Li et al. eds., *Austronesian Studies Relating to Taiwan, Symposium Series* No. 3. Institute of History and Philology, Academia Sinica, Taipei, pp. 227-254.

1988, "Improbability of Austronesian Origins in South China." *Asian Perspectives*, 26: 1, pp. 90-106.

Metspalu, M., Kivisild, T., Metspalu, E., Parik, J., Hudjashov, G., Kaldma, K., Serk, P., Karmin, M. et al.

2004, "Most of the extant mtDNA boundaries in south and southwest Asia were likely shaped during the initial settlement of Eurasia by anatomically modern humans." *BMC Genetics* 5: 26.

Nano Nagle, Mannis van Oven, Stephen Wilcox, Sheila van Holst Pellekaan, Chris Tyler-Smith, Yali Xue, Kaye N. Ballantyne, Leah Wilcox, Luka Papac, Karen Cooke, Roland A. H. van Oorschot, Peter McAllister, Lesley Williams, Manfred Kayser, R. John Mitchell, and The Genographic Consortium

2017, "Aboriginal Australian mitochondrial genome variation – an increased understanding of population antiquity and diversity." *Scientific Report*, 2017: 7（Issue 43041）, 2017 Mar. 13.

Norman,Jerry and Mei, Tsu-lin

1976, "The Austroasiatics in ancient South China:Some Linguistic evidence." *Monumenta Serica* 32: 274-301.

Olivieri, A., Achilli, A., Pala, M.; Battaglia, V., Fornarino, S.; Al-Zahery, N., Scozzari, R., Cruciani, F., Behar, D. M., Dugoujon, J.M., Coudray, C., Santachiara-Benerecetti, A. S., Semino, O., Bandelt, H.-J., and Torroni, A.

2006, "The scenario of a back-migration into Africa is supported by another feature of the mtDNA phylogeny." "Haplogroup M's Eurasian sister clade, haplogroup N, which has a very similar age to M and no indication of an African origin." *Science* 314（Issue 5806）.

2001, "International Human Genome Sequencing Consortium. Initial sequencing and analysis of the human genome." *Nature*, 409（Issue 6822）.

Pulleyblank, Edwin G.

1983, "The Chinese and their neighbors in Prehistoric and early historic times," in David N. Keightley, edited. *The Origins of Chinese Civilization*, 411-465.

Reed, J.W. and King, J. W.

1894, *The China Sea Directory*（third addition）. London: The Hydrographic Department.

Rolett, Barry V.

2002, "Early seafaring in the Taiwan Strait and the search for Austronesian origins." *Journal of East Asia Archaeology* 4（1-4）: 307-319.

Ron Pinhasi1, and Katerina Douka

2021, "Before and after farming: The genetic structure of South China and Southeast Asia." *Cell* 184,

July 8, 2021 Elsevier Inc..

Shuter Jr., Richard and Jeffrey C. Marck

1975, "On the dispersal of the Austronesian horticulturalists." *Archaeology and Physical Anthropology in Oceania* 10（1）: 81-113.

Sapir, Edward，

1916, "Time perspective in Aboriginal American Culture." *Aboriginal American Culture.*

Shutler Jr., R. and M. Mathisen

1979, "Pleistocene studies in the Cagayan Valley of northern Luzon, Philippines." *Journal of Hong Kong Archaeological Society*, Vol. 8： 105-114.

Shutler Jr., Richard and Jeffrey C. Marck

1975, "On the dispersal of the Austronesian horticulturalists." *Archaeology and Physical Anthropology in Oceania* 10（1）: 81-113.

Solheim, Welhelm

2006, *Archaeology and Culture in Southeast Asia: Unraveling the Nusantao*. The University of the Philippines Press.

2001, "The Pre-Sa Huynh-Kalanay Potter of Taiwan and Southeast Asia." Paper presented in *the International Symposium on Austronesian Cultures: Issues Relating to Taiwan*. Dec. 8-11,

2001.

1996, "The Nusantao and north-south dispersal." *Bulletin of the Indo-Pacific Prehistory Association* 15, 101-109.

1988, "The Nusantao Hypothesis: the Origin and Spread of Austronesian Speakers." *Asian Perspectives,* 26（1）：81, 84-85.

1975, "Reflections on the new data of Southeast Asian prehistory: Austronesian origin and consequence." *Asian Perspectives* 18, 146-160.

1960, "Jar burial in the Babuyan and Bantanes Island and in central Philippines, and its relationship to jar burial elsewhere in the Far East." *Philippine Journal of Science*, 89（1）: 115-148.

1969 "New directions in Southeast Asian prehistory." *Anthropologica*, N. S. Vol. XI, no. 1, 30-44.

Stefano Mona, Katharina E. Grunz, Silke Brauer, Brigitte Pakendorf, Loredana Castrì, Herawati Sudoyo, Sangkot Marzuki, Robert H. Barnes, Jörg Schmidtke, Mark Stoneking, Manfred Kayser

2009, "Genetic Admixture History of Eastern Indonesia as Revealed by Y-Chromosome and Mitochondrial DNA Analysis." *Modern Biology Evolution* 26（8）, 1865-1877. 2009.

Stoneking, Mark

2014, "The Genetic Origins and Legacy of the Austronesian Expansion." *Preceding of 2014 From Archipelago to Southeast Coast of Asia: International Symposium on the Studies of Prehistoric Cultural and Physical Remains.* Institute of History and Philology, Academia Sinica and Lianjiang County Government, Nangang, Matsu.

Stoneking Mark and Frederick Delfin

2010, "The Human Genetic History of East Asia: Review Weaving a Complex Tapestry." *Current Biology* 20, 188-193, February 23, 2010, Elsevier Ltd.

Templeton A R.

2002, "Out of Africa again and again." *Nature* 416: 45-51.

Ting, Pang-hsin

1983, "Derivation time of colloquial Min from Archaic Chinese." *BIHP* 54. 4:1-14.

Tornqvist, Torbjorn E., Bick, Scott J., González, Juan L., van der Borg, Klaas, and de Jong, Arie F. M.

2004, "Tracking the Sea Level Signature of the 8.2 Ka Cooling Event: New Constraints from the Mississippi Delta." *Geophysical Research Letters* 31, no. 23.

Tsang, Cheng-hwa

2010, "Neolithic Interaction Across the Taiwan Striat-Implications for the issue of Asutronesian origin and dispersal." In Masegseg Z. Gadu and Hsiuman Lin, eds. *2009 International Symposium on Austronesian Studies.* Taitung: National Museum of Prehistory, 2010, pp. 1-11.

2009a, "A New Hypothesis for Austronesian origin and dispersal." *PNC 2009 Annual Conference and Joint Meeting,* Academia Sinica, 2009. 10. 6-9.

2009b, "Single route or multiple routes? Rethinking Austronesian dispersal." *19th Congress of the Indo-Pacific Prehistory Association（IPPA）.* Vietnam Academy of Social Sciences Conference Centre, Hanoi, Vietnam, 2009. 11. 29-12. 6.

2008, "Neolithic Interaction Across the Taiwan Strait." *73rd Annual Meeting of Society of American Archaeology,* 2008. 3. 26-3. 30.

2007, "Recent archaeological discoveries in Taiwan and Northern Luzon: implications for the Austronesian dispersal." In *From Southeast Asia to the Pacific: Archaeological Perspectives on the*

　　　　Austronesian Expansion and the Lapita Cultural Complex. Taipei: Research Center for Humanities and Social Sciences, Academia Sinica., pp. 63-91.

2002, "Maritime adaptationsin prehistoric southeast China: in implicationsmfor the problem of Austronesian expansion." *Journal of East Asian Archaeology* 3, 1-2. pp.15-45.

1992, *The Archaeology of the Penghu Islands*. Special Publication, No. 95. Institute of History and Philology, Academia Sinca, pp. 148-179.

Wang, Chuan-Chao, Hui-Yuan Yeh, Alexander N. Popov, Hu-Qin Zhang, Hirofumi Matsumura, Kendra Sirak, Olivia Cheronet, Alexey Kovalev, Nadin Rohland, Alexander M. Kim, Swapan Mallick, Rebecca Bernardos, Dashtseveg Tumen, Jing Zhao, Yi-Chang Liu, Jiun-Yu Liu, Matthew Mah, Ke Wang, Zhao Zhang, Nicole Adamski, Nasreen Broomandkhoshbacht, Kimberly Callan, Kellie Sara, Duffett Carlson, and David Reich

2021 "Genomic insights into the formation of human populations in East Asia." *Nature*, 22 February 2021.

Wang, Mengge, Guanglin He, Xing Zou, Peng-Yu Chen, Zheng Wang, Renkuan Tang, Xiaomin Yang, Jing Chen, Meiqing Yang, Yingxiang Li, Jing Liu, Fei Wang, Jing

Zhao, Jianxin Guo, Rong Hu, Ryan Lan-Hai Wei, Gang Chen, Ivy Hui-Yuan Yeh, and Chuan-Chao Wang

2022, "Reconstructing the genetic admixture history of Tai-Kadai and Sinitic people: Insights from genome-wide SNP data from South China." *Journal of Systematics and Evolution*, January 2022.

Guo, Jianxin, Weitao Wang, Kai Zhao, Guangxing Li, Guanglin He, Jing Hao, Xiaomin Yang, Jinwen Chen, Kongyang Zhu, Rui Wang, Hao Ma, Bingying Xu, and Chuan-Chao Wang

2021, "Genomic insights into Neolithic farming-related migrations in the junction of east and southeast Asia." *American Journal of Physical Anthropology*, November 2021.

Wang, Tianyi, Wei Wang,5,20 Guangmao Xie, Zhen Li, Xuechun Fan, Qingping Yang, Xichao Wu, Peng Cao, Yichen Liu, Ruowei Yang, Feng Liu, Qingyan Dai, Xiaotian Feng, Xiaohong Wu, Ling Qin, Fajun Li, Wanjing Ping, Lizhao Zhang, Ming Zhang, Yalin Liu, Xiaoshan Chen, Dongju Zhang, Zhenyu Zhou, Yun Wu, Hassan Shafiey,1 Xing Gao,1,4 Darren Curnoe,17 Xiaowei Mao,1,3 E. Andrew Bennett, Xueping Ji, Melinda A. Yang, and Qiaomei Fu

2021, "Human population history at the crossroads of East and Southeast Asia since 11,000 years ago." Cell 184, 3829-3841, 2021 Elsevier Inc.

Weidenreich Franz.

1939, "Six lectures on Sinanthropus pekinensis and related problems." *Bulletine of Geology Society of China*, 19: 1-1108.

1943, "The skull of Sinanthropus pekinensis, a comparative study on a primitive homind skull." *Palaeontology Sinica*-New Ser D, 1943, 10:1-485.

Wu RuKan, Cheboksarov N N.

1959, "On the continuity of the development of physical type, economic activity and culture of humans of ancient time in the territory of China." *Soviet Ethnography*, 4: 3-25.

Zou Xing, Guanglin He, Jing Liu, Lirong Jiang, Mengge Wang, Peng Chen, Yiping Hou, and Zheng Wang

2022, "Screening and selection of 21 novel microhaplotype markers for ancestry inference in ten Chinese subpopulations." *Forensic Science International Genetics*, 58.

Yang, Melinda A, Xuechun Fan, Bo Sun, Chungyu Chen, Jianfeng Lang, Ying-Chin Ko, Cheng-Hwa Tsang, Hunglin

Chiu, Tianyi Wang, Qingchuan Bao, Xiaohong Wu, Mateja Hajdinjak, Albert Min-Shan Ko, Manyu Ding, Peng Cao, Ruowei Yang, Feng Liu, Birgit Nickel, Qingyan Dai, Xiaotian Feng, Lizhao Zhang, Chengkai Sun, Chao Ning, Wen Zeng, Yongsheng Zhao, Ming Zhang, Xing Gao, Yinqiu Cui, David Reich, Mark Stoneking, and Qiaomei Fu

    2020, "Ancient DNA indicates human Population shifts and admixture in northern and southern China." *Science* 369, 282-288, 17 July 2020.

Zhang, Xiaoming, Xueping Ji, Chunmei Li, Tingyu Yang, Jiahui Huang, Yinhui Zhao, Yun Wu, Shiwu Ma, Yuhong Pang, Yanyi Huang, Yaoxi He, and Bing Su

    2022, "A Late Pleistocene human genome from Southwest China." *Corren t Biology*, 2022, 07.14, Cell Press.

Zhong, Hua, Hong Shi, Xue-Bin Qi, Zi-Yuan Duan, Ping-Ping Tan, Li Jin, Bing Su, and Runlin Z Ma

    2011, "Extended Y Chromosome Investigation Suggests Postglacial Migrations of Modern Humans into East Asia via the Northern Route." *Biology Evorlution* 28 (1) : 717-727.

臺灣研究叢刊

馬祖列島的史前文化與「亮島人」

2023年7月初版　　　　　　　　　　　　　　　　　定價：新臺幣580元
有著作權・翻印必究
Printed in Taiwan.

著　　　者	陳	仲	玉
叢書主編	沙	淑	芬
校　　　對	王	中	奇
內文排版	菩	薩	蠻
封面設計	廖	婉	茹

出　版　者	聯經出版事業股份有限公司	副總編輯	陳	逸	華
地　　　址	新北市汐止區大同路一段369號1樓	總編輯	涂	豐	恩
叢書主編電話	（02）86925588轉5310	總經理	陳	芝	宇
台北聯經書房	台北市新生南路三段94號	社　　長	羅	國	俊
電　　　話	（02）23620308	發行人	林	載	爵
台中辦事處	（04）22312023				
台中電子信箱	e-mail：linking2@ms42.hinet.net				
郵政劃撥帳戶第0100559-3號					
郵撥電話	（02）23620308				
印　刷　者	世和印製企業有限公司				
總　經　銷	聯合發行股份有限公司				
發　行　所	新北市新店區寶橋路235巷6弄6號2樓				
電　　　話	（02）29178022				

行政院新聞局出版事業登記證局版臺業字第0130號

本書如有缺頁，破損，倒裝請寄回台北聯經書房更換。　　ISBN　978-957-08-6846-3 (精裝)
聯經網址：www.linkingbooks.com.tw
電子信箱：linking@udngroup.com

國家圖書館出版品預行編目資料

馬祖列島的史前文化與「亮島人」/陳仲玉著 . 初版 .
　新北市 . 聯經 . 2023年7月 . 296面＋8面彩色 . 14.8×21公分
　（臺灣研究叢刊）
　ISBN　978-957-08-6846-3（精裝）

　1.CST：史前文化　2.CST：考古遺址　3.CST：連江縣

797.8031/137　　　　　　　　　　　　　　112003306